Deep Magic

Zauber und Rituale für jede Lebenslage

Sonia K. Woods

Impressum:

Autorin: Sonia Kowalewski

Adresse: Neckarstraße 6
38120 Braunschweig
Deutschland

E-Mail: geistundmagie@gmail.com
Webseite: www.geistundmagie.com
Instagram: @geistundmagie

Umschlaggestaltung, Illustration: Anaïs Munier
Lektorat, Korrektorat: Antonia Jost

Widmung

Für Hekate, die mich geführt hat, und all denen, die den Ruf der Magie in sich spüren.

Danksagung

Ich möchte all den Menschen danken, die mich mit noch so kurzen Worten der Wertschätzung ermutigt haben, dieses Buch zu schreiben. Ich habe dich gesehen.

Inhalt

Vorwort

Silbermondlicht auf der Haut, den Duft von Regen und Erde in der Luft, das Streicheln feuchter Grashalme über nackte Fußsohlen – wir sind für Magie gemacht. Da ist dieses Ziehen in der Brust beim Anblick des Vollmondes, das Sehnen nach einem anderen Ort. Für viele bleibt dieser Ort ein Leben lang fern, ist nur in Büchern, Filmen und Kunst erfahrbar. Doch das Geheimnis ist: Der Ort existiert. Er existiert in uns, in unserem Geist. Dort wird der Zauber geboren und zeigt sich in Träumen, Bildern und Symbolen. Tief in diese Welt einzutauchen, ihre Sprache zu erkunden und sie dann in die Außenwelt zu holen – das ist die Arbeit einer Hexe.

Wenn du den Ruf der Magie in dir spürst, bietet dir dieses Buch eine Hilfestellung, ihm zu folgen. Der erste Teil stellt die magischen Grundlagen vor, erklärt ihren Ursprung und ihren praktischen Einsatz auf der Basis der gesammelten Weisheit westlicher okkulter Traditionen. Ich habe nicht alles unhinterfragt übernommen – es wäre bei der Masse und Vielfalt auch nicht möglich gewesen –, sondern habe aussortiert, was nicht instinktiv erfassbar ist. So sind die Bedeutungen von Sonne und Mond und der meisten Hexenwerkzeuge leicht verständlich. Wir fühlen geradezu ihren Sinn. Er ist im Unterbewusstsein, in unserer magischen Welt, verankert. Anders sieht es bei allzu verkopften Konstrukten wie z. B. planetaren Entsprechungen zu den Wochentagen und Stunden aus. Früher mag man die energetische Qualität eines Wochentages und den Bezug zu den Planeten stärker gespürt haben, weil man im Rhythmus mit dem Universum und seinen Kräften gelebt hat. Heutzutage ist diese Verbindung für die meisten nicht mehr ohne Hintergrundinformationen nachvollziehbar.

Im zweiten Teil findest du die Zauber und Rituale für unterschiedliche Lebenslagen. Magie ist kein Ort, an den wir uns zurückziehen, wenn die reale Welt zu anstrengend wird. Magie ist die Essenz des Lebens. Sie ist die Essenz des Seins. Damit fordert sie von dir, aufzuhören, ein Spielball negativer Glaubenssätze, Verhaltensmuster und scheinbarer Umstände zu sein. Setze dich auf den Thron deines Lebens, indem du tief in dich hineinblickst und dein volles Potenzial im Einklang mit der Natur ausschöpfst.

Die Rituale beginnen mit dem Thema Selbstliebe und Selbstfürsorge und drehen sich, erst nachdem du in dir aufgeräumt hast, um Themen, die das Außenleben betreffen, wie Erfolg, Liebe, Gesundheit und Schutz. Mehrere Optionen für die Auswahl der Zutaten stehen dir zur Verfügung, damit du den jeweiligen Zauber an deine Bedürfnisse anpassen kannst. Die Anleitungen enthalten außerdem intensive Visualisierungsübungen und führen in eine tiefe Trance. Auf diese Weise erreichst du dein Unterbewusstsein und kannst die Magie mit all ihrer Schönheit hinausschicken.

Das ist Deep Magic.

TEIL I

GRUNDLAGEN UND PRAXISTIPPS

Kapitel 1
Geist und Magie

In der Magie gehen wir mit dem Geistigen um, als sei es selbstverständlich. Wir entzünden Kerzen, räuchern Kräuter, ziehen Kreise und glauben, dass das einen Effekt, nicht nur auf uns, sondern auch auf unsere Umwelt erzielt. Der Geist, das fünfte Element, der krönende Zacken im Pentagramm, ist das wichtigste Werkzeug. Von der Wissenschaft belächelt und als abergläubisch abgetan, ist Magie die letzte Praxis, die die Geheimnisse und Gesetze des Geistes kennt (derselbe Geist, so sei hier gesagt, den jeder Wissenschaftler und jede Wissenschaftlerin tagein tagaus in ihren Forschungen benutzt).

In vielen Gesprächen mit Junghexen kommt jedoch immer wieder das Problem auf, trotz aller Vorkehrungen für einen Zauber und der richtigen Auswahl der Zutaten, nicht das angestrebte Ergebnis oder nur eine abgeschwächte Form dessen zu erreichen. Das theoretische Wissen ist da, das tiefere Verständnis und praktische Anleitungen fehlen oft.

Fangen wir von vorne an. Wozu brauchen wir den Geist? In einem Ritual, sagen wir einem Geldritual, werden Dinge wie goldene Kerzen, Münzen, Basilikum und Sonnenlicht zusammengefügt, die scheinbar nichts miteinander zu tun haben. Das „Gold“, das die Kerze bedeckt, ist chemische Farbe. Eine Münze ist eine Münze und damit das Gegenteil von Reichtum. Basilikum? Ernsthaft? Und Sonnenlicht ist keine richtige Zutat. Oder doch? Nichts davon hat physikalisch etwas mit dem anderen zu tun. Erst wenn man ihre geistige Verbindung betrachtet, erkennt man den Zusammenhang. Dieser Zusammenhang existiert als Idee. Ohne Geist keine Magie. Aber was ist der Geist?

Weniger philosophisch ausgedrückt meinen wir damit vor allem das eigene Bewusstsein – die Fähigkeit, Sinneseindrücke nicht nur zu verarbeiten, sondern zu erleben, Emotionen zu fühlen, Gedanken zu formen und selbstbestimmt zu handeln. Kurzgesagt ist das Bewusstsein der nicht-körperliche Anteil des Ichs, der jedoch auf engste mit dem Gehirn verbunden ist.

Die Annahme, dass das Bewusstsein im Gehirn sitzt, reicht bis in die Anfänge des Homo Sapiens, dem verstehenden Menschen, zurück. Schon in prähistorischer Zeit wurden Kopfoperationen durchgeführt, sogenannte Trepanationen. Dabei wurden Löcher in den Schädelknochen gebohrt, um Geister auszutreiben oder auch einzuladen. Über die Jahrtausende entwickelten sich unterschiedliche Theorien über die Verbindung von Geist und Gehirn, die vor allem auf religiösen Vorstellungen beruhten.

Heutzutage hat die Neurowissenschaft große Fortschritte gemacht. Wir wissen mehr denn je. Denken, Fühlen,

Sprechen, Handeln – all das ist Teil des Bewusstseins. Es ist mit moderner Technologie im Gehirn beobachtbar, lokalisierbar und sogar manipulierbar. Wie ist das möglich? Ist der Geist am Ende doch nur Materie? Bestehen wir aus neuronalen Signalen und der Ausschüttung von Hormonen? Die Ergebnisse der Neurowissenschaft legen die Schlussfolgerung zwar nahe, aber so einfach ist die Beantwortung der Frage nicht. Tatsächlich ist strittig, ob sie überhaupt beantwortbar ist.

Nehmen wir zur Verdeutlichung ein Beispiel aus dem Alltag. Wenn ich meinen Finger einklemme, wird ein elektrisches Signal an das Schmerzzentrum im Gehirn weitergeleitet und verarbeitet. Das Erleben der Information „Schmerz" findet im Bewusstsein statt, das jedoch nicht aus dem elektrischen Signal selbst besteht. Ähnlich sieht es mit Gefühlen aus. Wenn ich Schokolade esse, wird durch mehrere chemische Prozesse Serotonin ausgeschüttet. Ich fühle mich glücklich. Die Serotoninausschüttung ist aber nicht das Erleben des Glücks selbst. Diese Diskrepanz wird in der Philosophie „Qualiaproblem" (lat. Qualis, „wie beschaffen") genannt. So wird gefolgert, dass zwei Menschen theoretisch exakt dieselben Hirnsignale in einem Moment haben können, diese aber unterschiedlich erleben. Da man das Erleben des Einzelnen von außen nicht untersuchen kann – dazu müsste man es selbst erleben –, bleibt das Problem weiterhin bestehen.

Ähnlich verhält es sich mit dem sogenannten Intentionalitätsproblem. Menschen nehmen nicht nur von außen nach innen Sinneseindrücke wahr und erleben sie. Sie können auch von innen nach außen zielgerichtet handeln. Dazu formen sie, entweder bewusst oder unterbewusst, eine Absicht. Woher kommt diese Absicht? Worin besteht sie? Man kann das Feuern der Neuronen zwar beobachten, aber nicht, wie das Individuum diese Absicht bildet und was ihr Inhalt ist. Auf welche Art der Zwischenschritt vonstattengeht, stellt ein unlösbares Rätsel dar. Ständig strömen Informationen durch die Neuronen. Wie bei Wörtern in einem Buch kann man die Tinte untersuchen, die Art wie sie geschwungen sind und die Wahl der Aneinanderreihung der Buchstaben und Leerzeichen, jedoch gibt das keinen Aufschluss über ihren Inhalt. Die Information, die sie enthalten, ist materiell codiert, aber die Materie ist nicht die Information selbst. Sie muss interpretiert werden. Die einzige logische und tragbare Schlussfolgerung bleibt daher, dass das Bewusstsein nicht materieller, sondern geistiger Natur ist. Geist kann sich in einer Absicht materialisieren, wie auch Materie sich im Erleben vergeistigen kann. Genau hier – in unserem Gehirn – erreichen wir die Grenzen der Wissenschaft und treten ein in den Bereich des Okkulten.

Dieses Auf- und Absteigen, die Transformation von Energie und Information ist das, was wir als **Magie** bezeichnen. In einem Ritual wird Information, der Wunsch und was mit ihm geschehen soll, codiert. All die Werkzeuge, Zutaten und Handlungen in einem Zauber sind Symbole für die Vorgänge in deinem Inneren. Sie sind wichtig, weil sie deine Intention auf der physischen Ebene „vor-materialisieren“, sind jedoch ohne die Grundlage im Geist nutzlos.

Stelle dir den Wunsch, den du mit einem Zauber materialisieren willst, wie ein Samenkorn vor, das du in die Erde säst. Die Erde ist dein **Unterbewusstsein.** Das

Unterbewusstsein ist der älteste, verborgene und stark geschützte Teil des Geistes, in dem all die Programme enthalten sind, die deine Realität erschaffen – deine Glaubenssätze über dich und andere Menschen, deine Einstellungen und Gefühle zu Liebe, Erfolg, Geld u.s.w. Hier hat alles seinen Ursprung. Es ist die Unterwelt, aus der heraus alles wächst. Mit Magie ist es möglich, die bestehenden Strukturen zu verändern oder einen speziellen Wunsch als ein ganz neues Programm einzupflanzen. Wenn du lernst, das Unterbewusstsein zu erreichen und umzuformen, erhältst du die absolute Macht über dein Leben. Das ist gar nicht so einfach, denn mehrere Schutzmechanismen sorgen dafür, dass der Zugang verschlossen ist, damit es nicht von einem Tag auf den anderen manipuliert werden kann. Der Schutz besteht aus dem Wachbewusstsein, das ständig quatscht, plant, denkt, und davon ausgeht, die Kontrolle über dein Leben zu besitzen. Dieser Schutz ist wichtig, denn nur so baust du eine stabile Persönlichkeit auf. Andererseits aber verhindert er, dass du durch traumatische Erfahrungen erworbene schädliche Programme, z. B. negative Glaubenssätze wie „Ich verdiene es nicht, genug Geld zu haben", nicht so schnell loswirst, und nur schwer neue Programme „installieren" kannst.

Um in die Unterwelt hinabzusteigen, musst du die Schranken öffnen. Das funktioniert, indem du dich in Trance, einen tiefen Entspannungszustand, versetzt und das Wachbewusstsein so zum Schweigen bringst (Anleitungen dazu findest du in Kapitel 3 „Vorbereitungen"). Bist du dort unten angekommen, verankere deine Intention mit einer einfachen Formulierung wie z. B. „Ich segne mein Projekt mit Erfolg". Dann braucht das Samenkorn deiner Intention einen Nährstoff, um auszutreiben und zu wachsen. Dieser Nährstoff ist die **Visualisierung**. Sie verwandelt die Intention auf der Geistebene in Wirklichkeit, denn Visualisierung bedeutet nicht nur die rein visuelle Vorstellung, wie die Bezeichnung andeutet, sondern bezieht alle Sinne – Sehen, Hören, Riechen, Schmecken, Fühlen – mit ein. Stellt man sich z. B. den Geruch von frischgebackenem Brot vor, werden im Gehirn die Areale aktiviert, die auch arbeiten, wenn man tatsächlich frischgebackenes Brot riecht. Stellst du dir mit allen Sinnen vor, wie dein Projekt erfolgreich ist, wird diese Situation im Geist Wirklichkeit. Das Gehirn macht keinen Unterschied zwischen Vorstellung und Realität. Genau darin liegt der Schlüssel zum Erfolg. Visualisierung lässt das Samenkorn der Intention an die Oberfläche wachsen. Oft reicht sogar eine tiefe Entspannung und Visualisierung aus, um Veränderungen im Leben anzustoßen.

Ein Ritual aber, ein Zauber, ist ein explosiver Wirkbeschleuniger. Indem du die visualisierte Intention mit Werkzeugen, Zutaten und Handlungen auf der physischen Ebene symbolisierst, überschreitet der Wunsch die Grenze zwischen Geist und Materie. Die Pflanze durchbricht die Erdoberfläche. Sie wächst aus dem *Unter*bewusstsein in das *Ober*bewusstsein. Es fehlt nicht mehr viel und die Pflanze reift voll aus und verwandelt sich von einem physischen Symbol zu physischer Wirklichkeit. Dein Wunsch wird Realität. Doch welche Werkzeuge, Zutaten und Handlungen eignen sich für ein Ritual?

KAPITEL 2
DIE SYMBOLE

Die Sprache der Magie ist das Symbol. Du kennst diese Sprache aus der Welt der Träume. Sie schicken dir in Bildern codierte Botschaften aus dem Unterbewusstsein, der Quelle deiner Magie. Wenn du aufwachst, spürst du, dass die Bilder eine viel tiefere Bedeutung besitzen, als es scheint.

In der magischen Praxis benutzt man genau diese Symbole in Objekten und Handlungen, um den Wunsch, die Intention, zu materialisieren. So verwandelt man die geistige Bedeutung des Symbols in physische Wirklichkeit. Doch woher stammen die Symbole? Wer legt fest, was sie bedeuten? Sind sie nicht von Person zu Person unterschiedlich?

Wir sind alle Menschen und machen dieselben grundlegenden Erfahrungen. Wir werden geboren, essen und trinken, sind tagsüber wach und schlafen in der Nacht, haben Sex, erleben den Wechsel der Jahreszeiten … und sterben schließlich. Diese gemeinsamen Erfahrungen bilden die Grundlage für die magischen Archetypen, Analogien und

Symbole, die sich über die Jahrtausende gebildet haben und instinktiv von allen Menschen verstanden werden. So steht die Sonne z. B. für den Tag, für Wärme, Wachstum und Energie. Der Mond steht für die Nacht, seine unterschiedlichen Phasen für Transformation und für Weiblichkeit, weil sein Zyklus ähnlich lang ist wie ein Menstruationszyklus.

Je spezieller die Symbole, desto mehr variieren ihre Bedeutungen nach Kulturraum. Ein Baum symbolisiert wahrscheinlich auf der ganzen Welt Leben. Aber wie sieht es z. B. mit einer Eibe aus? Eiben gelten als älteste Baumart Europas. Sie können über 1000 Jahre alt werden. Da sie aber hochgiftig sind, waren sie in vielen europäischen Kulten ein Symbol des Todes.

Im Folgenden habe ich die Symbole, die in den westlichen okkulten Traditionen am weitesten verbreitet sind, aufgelistet und kurz erklärt, um eine gemeinsame Grundlage für die Ritualanleitungen zu schaffen. Sie sind keinesfalls bindend. Wenn du einige Elemente als unpassend für dich und deine Intention empfindest, ist es nicht nur ratsam, sondern geradezu zwingend, dass du das Ritual abwandelst, um deinen Wunsch angemessen zu materialisieren.

Die Inhalte basieren auf den Lehren von Wicca, der westlichen Zeremonialmagie und teilweise auf der indischen Chakralehre, weil sie unmittelbar begreifbar ist. Eine ausführliche Erläuterung würde den Rahmen dieses Buches – und vieler weiterer Bücher – sprengen, jedoch lege ich dir ans Herz, dich darüber hinaus mit den Symbolen und Analogien zu beschäftigen. Sie können machtvolle Werkzeuge sein, wenn du dir den ganzen Umfang ihrer Bedeutung bewusst machst.

Gott und Göttin

Ich habe in diesem Buch religiöse Vorstellungen auf ein Minimum reduziert, weil sie von Mensch zu Mensch – im Gegensatz zu einfacheren Symbolen – am stärksten voneinander abweichen. Es ist daher unmöglich, auf alle gleichermaßen einzugehen. Die Vorstellung eines Gottes und einer Göttin, die vor einem Ritual angerufen werden, ist jedoch unter Hexen weitverbreitet, sodass ich den Grund und die Bedeutung für die Anleitungen in diesem Buch darlegen möchte.

Viele magische Lehren gehen davon aus, dass sich das Eine, das Göttliche, das alles durchdringt und alles verbindet, in zwei unterschiedlichen Energien in unserer Welt manifestiert, nämlich im männlichen und im weiblichen Prinzip – dem Gott und der Göttin der Hexen. Sie spiegeln die empfundene Dualität der Welt um uns und in uns wider: Tag und Nacht, heiß und kalt, Sonne und Mond, rechts und links, ungerade und gerade, männlich und weiblich, Oberbewusstsein und Unterbewusstsein.

Der **Gott** ist die Personifikation von Aktivität, des gebenden, beeinflussenden Prinzips, dem Attribute wie „heiß", „hell" und „trocken" zugeschrieben werden, weswegen die Sonne in vielen Kulturen eine männliche Gottheit ist. Sein Herrschaftsbereich ist das Ober- oder Wachbewusstsein der rationalen Gedanken.

Die **Göttin** hingegen ist die Personifikation von Passivität, des empfangenden, transformierenden Prinzips, dem Attribute wie „kalt", „dunkel" und „feucht" zugeschrieben werden, weswegen der Mond in vielen Kulturen eine weibliche Gottheit ist. Ihr Herrschaftsbereich ist das

Unterbewusstsein, die dunkle Unterwelt der Gefühle und Instinkte, in der alles Leben entsteht.

Fast alle Elemente westlicher okkulter Traditionen sind entweder ein Symbol für die weibliche Energie der Göttin oder für die männliche Energie des Gottes. Dabei sei gesagt, dass keine der Energien machtvoller oder positiver als die andere ist. Sie sind grundverschieden, aber gleichwertig. Das Ziel ist es, sie in Einklang zu bringen und zu verbinden, um den jeweiligen Zauber „fruchtbar" zu machen, das heißt, ein Ergebnis zu kreieren.

Auch sind sie keine Rollenbeschreibungen für Männer und Frauen. Jeder Mensch trägt unabhängig von seinem Geschlecht ständig schwankende Anteile beider Energien in sich. **Es geht also nicht um Trennung, sondern um Vereinigung. Es geht um den Weg zurück zum Einen, zum Göttlichen, zur Magie.** Auf diesem Verständnis gründen sich alle folgenden Symbole.

Sonne und Mond

Wie schon angedeutet wird die Sonne in den westlichen okkulten Traditionen dem männlichen Prinzip zugeordnet, weil ihre Hitze und ihr Licht aktiv und aggressiv auf die Erde einwirken und ihre Fruchtbarkeit verstärken. Tagsüber denken und planen wir mithilfe des Wachbewusstseins logisch und rational. Die Kraft der Sonne kann immer dann eingesetzt werden, wenn ein Zauber besonders viel aktive, nach außen strahlende Energie haben und die Bereiche im Leben beeinflussen soll, die davon profitieren können, wie z. B. Geld- und Berufszauber, Zauber für Kraft und Durchsetzungsfähigkeit,

Zauber, um neue Menschen kennenzulernen etc. Um die Energie der Sonne zu nutzen, kann man ein Ritual in der Mittagszeit durchführen, dann, wenn sie am höchsten steht und ihre Einstrahlung am intensivsten ist, oder aber man fertigt Sonnenwasser an, das ihre geistige Energie speichert. **Um Sonnenwasser herzustellen, platziere eine Schale mit Wasser oder eine verschlossene Trinkwasserflasche aus Glas in der Mittagszeit für einige Stunden im Tageslicht. Wenn du Sonnenwasser in einem Zauber zum Trinken verwenden möchtest, benutze nur das Wasser aus der Flasche, weil sich in dem offenen Wasser Bakterien vermehrt haben können.**

Der Mond steht für das weibliche Prinzip, für die Göttin, weil sein Licht passiv, kühl und sanft ist und sich ständig transformiert. Wenn wir nachts schlafen, träumen wir und haben Zugang zum Unterbewusstsein, zu ungefilterten Emotionen. Dabei repräsentieren die unterschiedlichen Phasen die Aspekte der Göttin, die auch für die Erde und den Jahreszeitenzyklus steht.

Der **zunehmende Mond** symbolisiert die Jungfrau, das Wachsen der Natur, das Knospen von Blüten, den Frühling. In der Magie nutzt man diese Phase für Zauber, die auf einen allmählichen Zuwachs in einem bestimmten Lebensbereich setzen, wie z. B. ein Segen für das Wachstum eines Projektes oder für mehr Selbstliebe.

Der **Vollmond** symbolisiert die Göttin in ihrem Mutter-Aspekt. Sie hat neues Leben hervorgebracht, so wie auch Mutter Erde im Sommer Früchte und neues Leben hervorbringt. Zu Vollmond sind die weiblichen Energien am stärksten. Der Zugang zum Unterbewusstsein und das Erreichen von Trancezuständen ist erleichtert. Es ist eine gute Zeit für die Manifestation magischer „Früchte“. Deswegen wird der Vollmond von vielen Hexen jeden Monat mit Ritualen oder Meditationen gefeiert. So, wie man die geistige Kraft der Sonne mit Sonnenwasser für einen Zauber speichern kann, ist das auch mit der Kraft des Vollmondes möglich. **Um Mondwasser herzustellen, platziere eine Schale mit Wasser oder eine verschlossene Trinkwasserflasche aus Glas über Nacht in das Mondlicht. Wenn du Mondwasser in einem Zauber zum Trinken verwenden möchtest, benutze, wie beim Sonnenwasser, nur das Wasser aus der Flasche. In dem offenen Wasser können sich Bakterien vermehrt haben.** Die Energien sind einen Tag vor und einen Tag nach Vollmond am stärksten, sodass du drei Nächte Zeit dafür hast. Das Wasser ist so lange magisch verwendbar, wie du das Gefühl hast, die Kraft des Mondes sei noch darin gespeichert.

Der **abnehmende Mond** repräsentiert die Göttin in ihrem Aspekt der alten Weisen. Sie hat gelebt und Wissen erlangt. Mutter Erde begibt sich im Herbst zur Ruhe. Die Ernte ist eingefahren. Die Natur wechselt die Farben und bereitet sich auf den Winter vor. Die Blätter fallen. Der abnehmende Mond ist daher eine gute Zeit, um negative Dinge, Personen, Glaubenssätze und Verhaltensmuster mit einem Zauber loszuwerden. Er gibt uns die Möglichkeit, zu überdenken, was wir loslassen sollten, um uns weiterzuentwickeln.

Der **Neumond** oder **Schwarzmond**, also die Nacht, in der keine Mondsichel am Himmel zu sehen ist, ist der letzte Aspekt der Göttin – die Herrscherin des Todes. Sie ist in die Unterwelt hinabgestiegen, um sich zu transformieren und zu erneuern, bevor sie im Frühling als Jungfrau wiedererscheint. Genauso scheint die Natur nun tot, doch wird auch sie sich im Frühling erneuern. Der Zyklus hat seinen Nullpunkt erreicht. Der Neumond ist eine Zeit, um innezuhalten und tief in die Unterwelt, in das eigene Unterbewusstsein hinabzusteigen. Es ist eine gute Zeit, um sich den eigenen Schattenseiten zu stellen und an ihnen zu arbeiten, aber auch, um Negativität in Form von bösen Wünschen, Flüchen, Dingen, Menschen, Glaubenssätzen und Verhaltensweisen mit der Kraft des Todes zu bannen. Da sich der Mond an einem Schwellenpunkt zwischen einem alten und einem neuen Zyklus befindet, ist es außerdem eine vorteilhafte Zeit, um den Samen für ein neues Projekt, das mit dem zunehmenden Mond wachsen soll, zu säen. So entsteht aus dem Tod Leben.

Es ist hilfreich, einen Zauber nach dem Mondstand auszurichten, jedoch ist es nicht zwingend notwendig. Wenn etwas sehr drängt, warte nicht, sondern benutze die Macht des Geistes, um deinen Wunsch zu materialisieren.

Die vier Elemente

Die vier Elemente spielen eine große Rolle in der angewandten Magie. **Feuer, Wasser, Erde, Luft** – sie beschrieben früher die Zusammensetzung der Welt. Die Lehre geht weit bis in die Antike, auf griechische Philosophen im 7. Jahrhundert v. u. Z. zurück und hat in der Magie bis heute ihre Gültigkeit behalten. Dabei mag der/die eine oder andere einwenden, dass es in der Chemie 118 Elemente gibt, aus denen das Universum besteht, und die 4-Elemente-Lehre daher überholt sei. Doch sind die vier Elemente, wie alles in der Magie, eben nur Symbole. Sie spiegeln die Aggregatzustände wider, in denen Materie vorkommt – fest, flüssig und gasförmig –, sowie auch das männliche und weibliche Prinzip in der Natur.

Die Elemente Erde und Wasser werden der Göttin zugesprochen. Die **Erde,** weil sie der Zugang zur Unterwelt ist, wohin alles, das lebt, zurückkehrt, aufgenommen, transformiert und dann wiedergeboren wird. Deswegen entspricht ihr die Himmelsrichtung **Norden**, weil die Sonne dort nie scheint. Die Erde wird als Körper und Gebärmutter der Göttin verstanden. Dementsprechend symbolisiert das **Wasser** ihr Blut. Wasser ist im flüssigen und gasförmigen Zustand immer in Bewegung, weswegen es einen starken Bezug zur Gefühlswelt und den Emotionen hat – man denke an Tränen. Gewässer sind tief und versinnbildlichen ebenfalls den Zugang zum Unterbewusstsein, in dem längst vergessene Gefühle gespeichert sind.

Die Elemente Feuer und Luft werden dem Gott zugeordnet. Das **Feuer**, weil es einerseits aggressiver Natur ist und Aggression typischerweise als männliches Merkmal wahrgenommen wird, aber auch, weil es Licht spendet und damit ein Symbol für den Tag und das Wachbewusstsein ist. Deswegen wird ihm die Himmelsrichtung **Süden** zugeordnet, weil die Sonne dort am höchsten steht und am heißesten scheint. Die **Luft** gilt als „männliches“ Element, weil sie den Himmel symbolisiert, an dem Wolken, durch Wind angetrieben, wie Gedanken vorbeiziehen. Es wird dem Bereich des rationalen Denkens zugesprochen, das hauptsächlich im Wachzustand, also im Tagesbewusstsein stattfindet.

Da alle vier Elemente mit so viel Symbolhaftigkeit aufgeladen sind, stellen sie perfekte Werkzeuge dar, um sie in einem Ritual zu benutzen. Sie stehen für die materielle, physische Ebene, die mit Geist durchdrungen und verbunden werden muss, um Magie zu erschaffen.

Anmerkung: Es gibt viele Diskussionen darüber, welche Himmelsrichtungen den Elementen Wasser und Luft zugeordnet werden sollten, da es keinen direkten Bezug zwischen ihnen gibt. Die klassische Vier-Elemente-Lehre ordnet die Luft dem Osten und das Wasser dem Westen zu. So habe ich es auch übernommen, jedoch spielen die beiden Entsprechungen in diesem Buch eine untergeordnete Rolle, da ich darauf geachtet habe, dass die einzelnen Symbole ohne viel Überlegungen erfasst werden können.

Das Pentagramm

Das Pentagramm ist eines der ältesten Symbole der Welt. In der Antike war es das Symbol der Göttin und des Planeten Venus, weil es die fünf Konjunktionspunkte von Venus und Erde am Himmel beschreibt. Im Mittelalter wurde es als Schutzzeichen gegen dunkle Kräfte verwendet. Die vier Spitzen sind in den westlichen okkulten Traditionen Symbol für die vier Elemente, aus denen die physische Ebene besteht. Sie wird von der fünften Spitze, dem Geist, gekrönt und beherrscht. Mit ausgestreckten Gliedmaßen und dem Kopf als Sitz des Geistes wird diese Verbindung im Menschen widergespiegelt. **Das Pentagramm ist daher ein Zeichen der Macht.** Nur, wenn ich über mein Leben herrsche, kann ich es auch schützen. In den Ritualanleitungen dieses Buches wird das Pentagramm dementsprechend benutzt, um Ganzheit, Macht und Schutz auszudrücken.

Die Hexenwerkzeuge

In den westlichen okkulten Traditionen gibt es unterschiedliche Ansichten darüber, welches die Werkzeuge einer Hexe sind. Die Wicca-Strömungen besagen, dass sie aus Schwert, Athame, Boline, Zauberstab, Pentakel, Kelch, Kessel, Räuchergefäß, Kordeln und einer Geißel bestehen. Dabei wird davon ausgegangen, dass eine Hexe im Zirkel arbeitet, was heutzutage eher die Ausnahme als die Regel ist. Grundsätzlich braucht man keines dieser Werkzeuge, jedoch sind sie mit so viel Symbolkraft aufgeladen, dass man instinktiv ihre Macht spürt, wenn man sie verwendet.

Wir haben unseren Weg bei dem Einen, dem Göttlichen begonnen, das sich in den zwei Prinzipien des Männlichen und Weiblichen zeigt, haben verfolgt, wie diese sich in den Symbolen unserer beiden weit entfernten Gestirne Sonne und Mond verfestigen und weiter zu uns herabsteigen, auf unsere Erde, und sich in den vier Elementen materialisieren.

Die Hexenwerkzeuge vereinen all diese Bedeutungen

in Alltagsgegenständen. Der Gott und die Göttin, die Kräfte der Sonne, des Mondes und der Erde werden durch sie greifbar und ihre Symbolkraft in deinen Händen einsetzbar. Daher habe ich die praktischsten Werkzeuge in die Ritualanleitungen aufgenommen.

Mir ist durchaus bewusst, dass nicht jede/r mal eben einen Ritualdolch oder einen gusseisernen Hexenkessel zur Hand hat, deswegen nenne ich im Anschluss Alternativen, die leicht im Haushalt zu finden sind.

Wie bei allen Utensilien, die du für ein Ritual benutzt, solltest du sie vorher von der in deinem Unterbewusstsein gespeicherten Alltäglichkeit reinigen. Halte sie dafür unter fließendes Wasser oder in eine Räucherung und visualisiere weißes Licht, das sie füllt. Nach dem Ritual kannst du sie von der in deinem Unterbewusstsein gespeicherten Magie auf dieselbe Weise reinigen und normal weiterverwenden.

Das hier sind die Werkzeuge, die meiner Ansicht nach sinnvoll in einem Ritual einsetzbar sind:

Athame: Der Ritualdolch symbolisiert das männliche Prinzip, das sich in seiner phallischen Form widerspiegelt. Aufgrund der Implikation von Aggression werden ihm das Element Feuer sowie das Attribut „aktiv"/„aussendend" zugeordnet. Es ist ein Symbol der Macht, ein Symbol der Einflussnahme auf das Leben und die Umwelt. Ein Messer schneidet und bewirkt so Veränderung. Jedoch ist ein traditionelles Athame stumpf, weil das Schneiden auf geistiger Ebene erfolgen soll. Ein Athame zum wortwörtlichen Schneiden von Dingen zu benutzen, würde es in die alltägliche Welt hinabziehen und ihm die Magie rauben. Es wird zum Ziehen des magischen Kreises benutzt, um den heiligen vom profanen Raum abzugrenzen und zum Hinaussenden von feurigen Energien. Deswegen sollte es in der dominanten Hand gehalten werden, weil sie die aktive, gebende Energie widerspiegelt.

Alternativen: Solltest du keinen Ritualdolch zur Verfügung haben, kannst du entweder den Zeigerfinger deiner dominanten Hand oder ein normales Messer benutzen, das du vorher energetisch reinigst.

Zauberstab: Der Zauberstab symbolisiert wie das Athame das männliche Prinzip, da er ebenfalls eine phallische Form besitzt. Er sendet Energien aktiv hinaus. Er wird dem Element Luft zugeordnet und besitzt eine sanftere Ausstrahlung als das Athame. Im Gegensatz zu dem Ritualdolch verbindet er Energien eher, als dass er sie trennt, sodass er sich für das Brauen von Zaubertränken, das Ziehen von Pentagrammen und die Verbindung der einzelnen Ritualelemente eignet. Viele Hexen benutzen ihn aber auch für die Funktionen, die traditionell dem Athame zugeschrieben werden.

Alternativen: Auch hier kannst du statt eines Zauberstabs den Zeigerfinger deiner dominanten Hand benutzen, da sie die „männliche", aktive Energie symbolisiert. Jedoch ist es im Gegensatz zu einem Ritualdolch einfacher, einen Zauberstab selbst anzufertigen. Begib dich in die Natur und höre auf deine Intuition. Sie wird dir sagen, welches Baumholz für deinen Zauberstab geeignet ist. Bitte den Baum vorher um Erlaubnis und bringe ihm vielleicht auch Opfergaben aus Früchten dar. Dann brich einen Ast ab und richte ihn so her, dass du ihn in einem Ritual einsetzen kannst.

Kelch: Der Kelch symbolisiert das weibliche Prinzip, das sich in seiner Form einer Gebärmutter mit dem nach unten verlaufenden Geburtskanal des Stiels widerspiegelt. Da ein Kelch dazu gedacht ist, Flüssigkeiten hineinzufüllen, werden ihm das Attribut „empfangend" und das Element Wasser zugeordnet. Er ist ein Symbol für Fruchtbarkeit, Emotionen, Intuition und Hellsichtigkeit. Der Kelch wird daher hauptsächlich in Ritualen eingesetzt, um das eigene Leben zu beeinflussen und Informationen aus der Geistwelt zu empfangen. Außerdem kann man ihn für Opfergaben an die Göttin verwenden.

Alternativen: Du kannst ein normales Glas benutzen. Es wird vielleicht nicht die Form einer Gebärmutter haben, besitzt aber trotzdem die empfangende Funktion und wird im Normalfall mit Wasser, dem Element des Weiblichen, gefüllt.

Kessel: Der Kessel symbolisiert durch die runde Kugelform den schwangeren Bauch der Göttin. Da er ebenfalls gefüllt wird, spricht man ihm das Attribut „empfangend" und das Element Erde zu. Er symbolisiert die Unterwelt, in der alles Leben seinen Anfang hat und zu der alles Leben nach dem Tod zurückkehrt. Daher steht er einerseits, wie der Kelch, für Fruchtbarkeit, aber auch für Transformation. Im Gegensatz zum Kelch wird mehr mit dem Kessel gearbeitet. Männliche und weibliche Energien werden in ihm ggf. mit dem Zauberstab verbunden, sodass neues Leben – die Manifestation der Intention – im Bauch der Göttin entsteht und dann in die physische Realität geboren werden kann. Er besteht meistens aus Gusseisen oder Kupfer, da er für Räucherungen oder das Verbrennen von Papier und Kräutern benutzt wird.

Alternative: Du kannst statt eines Hexenkessels eine feuerfeste Schale benutzen. Sie sollte, wenn möglich, rund sein, um den Bauch der Göttin zu darzustellen. Da Dinge in die Schale hineingelegt werden, besitzt sie die empfangende Funktion. Um das Element Erde zu symbolisieren, kannst du Erde oder Salz in sie hineingeben und darauf räuchern oder etwas verbrennen.

Das Zielobjekt

Jeder Zauber besitzt ein Zielobjekt. Das kannst du selbst sein, wenn du an Ängsten oder Selbstzweifeln arbeiten möchtest. Es können aber auch Dinge sein wie Geld, das du dringend brauchst, oder andere Personen, denen du mit einem Ritual helfen möchtest. In jedem dieser Fälle braucht dein Unterbewusstsein eine Verankerung, ein Symbol, das das Zielobjekt darstellt. Die Veränderungen, die du während des Zaubers mit dem Symbol des Zielobjektes durchführst, werden sich früher oder später im Zielobjekt selbst manifestieren. **„Wie oben, so unten; wie innen, so außen; wie der Geist, so der Körper“ (*Kybalion*, Aurinia 2011).** Ein magisches Ritual baut auf diesem Prinzip der Analogie, der Entsprechung, auf. Es ist daher hilfreich, wenn das Symbol entweder direkt von dem Zielobjekt/der Zielperson stammt oder sie originalgetreu abbildet. Wenn du selbst die Zielperson bist, kannst du deine Fingernägel benutzen, sollte der Zauber darauf abzielen, etwas bildlich gesprochen mit den Händen zu empfangen. Es können aber auch Haare sein, wenn du deine Gedanken verändern willst. Handelt es sich um die Jobsituation, kann das Symbol eine Visitenkarte oder das ausgedruckte Logo einer Jobagentur sein. Wenn es um eine andere Person geht, kannst du ebenfalls Haare, Fingernägel oder z. B. ein getragenes Kleidungsstück benutzen. Wenn du nichts davon zu Verfügung hast, verwende ein Foto oder schreibe den vollen Namen und das Geburtsdatum auf ein Stück Papier. Achte darauf, dass das Zielobjekt/die Zielperson eindeutig identifizierbar ist.

Farben

Unsere Welt ist voller Farben. Wir wachsen auf und sehen, dass Pflanzen grün sind, der Himmel blau, die Sonne weiß, die Nacht schwarz ist. Und so füllen wir, ob bewusst oder unbewusst, die einzelnen Farben mit Bedeutungen. Sie sind fast überall auf der Welt gleich, weil die Erfahrungen mit ihrem Vorkommen gleich sind. Ich führe im Folgenden ihre Grundbedeutungen auf, so wie ich sie für die Rituale dieses Buches verwendet habe:

Weiß: Klarheit, Schutz durch Licht, positive Absichten, Segen
Schwarz: Bannen, Schutz durch Unsichtbarkeit,

negative Absichten, Absorption von Flüchen, Aussenden von Flüchen, Unterwelt, Tod
Braun: Erde, Wurzeln, Sicherheit, Wachstum
Rot: Liebe, Leidenschaft, Feuer, Hitze, Erotik, Macht, Blut
Orange: Positivität, Kreativität, Spaß, Intelligenz
Gelb: Sonne, Geld, Wärme, Erfolg
Grün: Kreativität, Wachstum, Fruchtbarkeit, Geld
Blau: Ruhe, Harmonie, Frieden, Intelligenz, Lernen, Kommunikation
Violett: Intuition, Hellsichtigkeit, Informationen aus der Geistwelt, Heiligkeit

Zahlen

Die Bedeutung von Zahlen ist nicht ganz so intuitiv erfassbar wie die der Farben, weil wir als Menschen Mathematik erst erlernen müssen. Jedoch findet sie sich als eine Art Baugerüst überall in unserer physischen Realität wieder. Die folgenden Bedeutungen gehen auf die pythagoräische Zahlenmagie der Antike (6. Jhdt. v. u. Z.) zurück, die alle nachfolgenden westlichen okkulten Strömungen beeinflusst hat und durch einfache Logik erfassbar ist.

Eins: Kreis, Ganzheit, Unendlichkeit, Vollkommenheit, Geist, Göttlichkeit, Macht der einzelnen Intention
Zwei: Linie, Gott und Göttin, Gegensätze
Drei: Dreieck, Kreativität, Verbindung, neues Leben, Familie, Glück
Vier: Quadrat, vier Elemente, vier Himmelsrichtungen,

vier Jahreszeiten, irdische Ebene, Materie
Fünf: Pentagramm, Verbindung von Materie und Geist, Macht, Schutz
Sechs: Verdoppelung der Drei, Balance, Ausgeglichenheit der gegensätzlichen Kräfte, Waage
Sieben: Länge der einzelnen Mondphasen, Geheimnis, Intuition, Heiligkeit, Geistebene
Acht: Verdoppelung der Vier, Reichtum in der materiellen Ebene
Neun: Drei mal drei, Reichtum, starke Vervielfältigung, großes Glück, Nachdruck
Zehn: zehn Finger, Abgeschlossenheit
Dreizehn: Zahl der Göttin, beschreibt das Mondjahr mit dreizehn Monden, Magie, Macht des Unterbewusstseins, Hellsichtigkeit

Kerzen

Kerzen sind aus einem Ritual kaum wegzudenken. Wenn es dunkel ist, haben wir einen leichteren Zugang zu unserem Unterbewusstsein. Das Gehirn bereitet sich auf den Schlaf und damit auf die Welt der Träume, Symbole und Magie vor. Deswegen arbeiten viele Hexen gerne nachts. Kerzenlicht hilft uns, genug während eines Rituals zu sehen. Die Wärme und das Flackern vertiefen den Trancezustand.

Kerzen können außerdem als Platzhalter für das Zielobjekt dienen. Man kann sie auf Fotos stellen oder Namen in sie einritzen. Sie laden durch das vollständige Abbrennen einen Zauber mit ihrem Feuer, dem aktiven, hinaussendenden Element, auf. Um die volle Kraft der Farben einzusetzen, ist es ratsam, durchgefärbte Kerzen zu benutzen.

Man kann sie mit Öl salben – von oben nach unten, um etwas herbeizurufen, und von unten nach oben, um etwas loszuwerden. Danach kann man sie durch ausgewählte Kräuter rollen und ihre Bedeutung zusätzlich verstärken.

Achte darauf, dass die Kerzen stabil stehen und um sie herum nichts Feuer fangen kann. Wenn du eine Kerze ganz abbrennen lassen möchtest, um einen Zauber weiterhin aufzuladen, halte dich währenddessen in der Nähe auf. Wenn das nicht möglich ist, ersticke die Flamme. Das Auspusten ist durch Geburtstagsbräuche so sehr mit dem Abschließen und Losschicken eines Wunsches verbunden, dass davon abzuraten ist, weil du ja noch weiter an dem Zauber arbeitest. Du kannst die Kerze erneut entzünden, wenn du wieder ein Auge auf sie hast.

Kräuter

Kräuter besitzen ihre ganz eigene Magie, weil sie direkt aus der Erde, dem Schoß der Göttin gewachsen und voller Leben sind. Die Wirkkraft ihrer Inhaltsstoffe ist, dem Prinzip der Analogie folgend, auch auf die Geistebene anwendbar. Dort machen viele Menschen ähnliche Erfahrungen, weswegen speziellen Kräutern spezifische spirituelle Wirkungen nachgesagt werden. Jedoch kann ich dir nur raten, dich neben guter Literatur persönlich mit ihnen zu beschäftigen.

Gehe in die Natur und versetze dich mit Entspannungsmethoden in Trance. Dann versuche den Geist einer Pflanze zu erfühlen. Auf diese Weise machst du eigene Erfahrungen, und die Kräuter, die du in einem Ritual verwendest, können deine Intention so genau wie möglich widerspiegeln. Wenn es für dich schwierig ist, in die Natur zu gehen, kannst du auch mit getrockneten Kräutern aus Tees und Gewürzpackungen Kontakt aufnehmen. Verlasse dich nicht nur auf das, was du in Büchern oder im Internet liest, sondern bilde eigene Fähigkeiten aus. In den Anleitungen dieses Buches gebe ich immer mehrere Vorschläge für Kräuter, sodass du entscheiden kannst, welche für deinen Zauber am passendsten sind.

Räucherung

Eine Räucherung verbindet die Kraft der Kräuter, des Elementes der Erde, mit Feuer und Luft. Das Hinaufsteigen des Rauches symbolisiert das Hinaufsteigen deines Wunsches in das Universum. Außerdem verbreitet eine Räucherung die Wirkung eines Krautes. So kann die Atmosphäre mit der richtigen Auswahl gezielt beeinflusst werden. Nicht jede/r besitzt jedoch ein Räuchergefäß, Kohle und eine Zange. In diesem Fall kannst du Kräuter zu einem Bündel schnüren und trocknen lassen. Das Ende wird dann angezündet und nach einigen Sekunden ausgepustet, sodass das Bündel vor sich hin räuchert. Oder greife zu Räucherstäbchen, die es günstig zu kaufen gibt. Wenn du in einem geschlossenen Raum arbeitest, stelle eine ausreichende Lüftung sicher, indem du ein Fenster kippst oder öffnest.

Öl

Öl besteht aus Fett, und Fett ist eine der energiereichsten organischen Verbindungen. Dem Prinzip der Analogie zufolge trifft das auch auf die magische Eigenschaft von Öl zu. Öl stellt extrem viel Energie zur Verfügung. So kann man Kerzen oder andere Werkzeuge und Utensilien in einem Ritual salben, um ihre Wirkkraft zu verstärken und zu verlängern. Legt man trockene oder frische Kräuter in Öl ein, reichert man es so mit ihrer Kraft an. **In den Anleitungen dieses Buches sind solche Kräuteröle gemeint – also Haushaltsöl (Sonnenblumenöl, Olivenöl, Kokosfett etc.) mit eingelegten Kräutern.** Natürlich kann man auch ätherische Öle benutzen, jedoch sind sie aufwändig in der Herstellung, ressourcenintensiv und berechtigterweise teuer. Es ist daher ratsam, ätherisches Öl mit Haushaltsöl zu mischen, solltest du dir eine besondere Wirkung wie z. B. die von Weihrauchöl wünschen.

Kristalle

Kristalle stammen aus den Tiefen der Erde und haben daher eine besondere Beziehung zum Unterbewusstsein. Wir spüren instinktiv die Kraft, die in ihnen und ihrer Millionen Jahre lang gewachsenen Kristallstruktur liegt. Sie üben eine hypnotische Wirkung aus. Deswegen sind sie wie gemacht für den Einsatz in einem Ritual. Man kann sie entweder im magischen Kreis oder zwischen die Utensilien, die man für einen Zauber benutzt, arrangieren. Außerdem kann man die meisten Kristalle in Mond- oder

Sonnenwasser einlegen und so ihre Wirkung hinzufügen. Kläre jedoch vorher ab, ob deine Steine wasserfest sind. Selenit z. B. löst sich im Wasser auf. Die Steine, die in den Anleitungen dieses Buches vorkommen, sind leicht im Internet oder im Spezialhandel zu finden. Auch hier gebe ich mehrere Vorschläge, sodass du für dich herausfinden kannst, welche ihrer Wirkungen am passendsten für deine Intention ist.

Sigillen

Sigillen sind praktisch für die angewandte Magie, weil sie Codierungen sind. Codierungen funktionieren wie Symbole, und Symbole sind die Lieblingssprache des Unterbewusstseins, dem Ort, an dem die Magie entspringt. Eine Sigille ist immer dann einsetzbar, wenn du die Bedeutung eines Wortes oder eines Spruches komprimieren möchtest. Vielleicht möchtest du das Zielobjekt deines Zaubers mit Erfolg, Geld, Liebe, Frieden etc. segnen. Dann schreibe das Wort nieder und streiche ggf. die doppelt vorkommenden Buchstaben. Bilde mit den restlichen Buchstaben eine Sigille, indem du sie auflöst und neu anordnest, z. B. durch eine Übereinanderschichtung. Oder aber du versetzt dich in Trance und zeichnest spontan Symbole für diese Worte. Die Sigillen kannst du dann benutzen, um sie in Kerzen zu ritzen, auf ein Papier zu zeichnen o. Ä. Das Wort ist nun aus dem oberbewussten Bereich der Sprache in den unterbewussten Bereich der Symbole gerutscht und kann dort in Magie umgewandelt werden.

Tarotkarten

In einigen der aufgelisteten Rituale empfehle ich den Einsatz von Tarotkarten, weil sie über eine reiche Bildsprache verfügen und damit ebenfalls die Symbolsprache des Unterbewusstseins sprechen. Solltest du kein Tarotdeck zur Verfügung haben, kannst du dir die empfohlenen Karten für einen Zauber ausdrucken und ausschneiden. Da ich teilweise dazu rate, Kerzen auf sie zu stellen und hinunterbrennen zu lassen, ist ein Ausdruck sogar sinnvoller, da die Karten danach wahrscheinlich nicht mehr benutzt werden können. Ich gebe, wie bei den Kräutern und Steinen, mehrere Empfehlungen für einzelne Karten, sodass du entscheiden kannst, welche deine Intention am besten widerspiegeln. Du kannst ihre Bedeutungen entweder intuitiv, durch einfaches Betrachten, auf dich wirken lassen oder aber du liest im Vorfeld geeignete Literatur.

Blut

In wenigen Anleitungen gebe ich die Option, ein paar Tropfen Eigenblut oder Menstruationsblut einem Zauber hinzuzufügen. Blut ist in der Magie die wohl machtvollste Zutat, da es den Bauplan des Lebens seit Anbeginn deiner Ahnenreihe und gleichzeitig die Macht des Todes in sich trägt. Es kann einen Zauber hochgradig verstärken. Frisches Eigenblut kommt dabei oft in Schutz- und Gesundheitszaubern zum Einsatz, weil es dem männlichen Prinzip zugeordnet wird, das Leben schenkt. Menstruationsblut wird dem weiblichen Prinzip zugeordnet. Es stammt aus der Unterwelt. Damit wird es häufig in Fruchtbarkeits- und Erfolgszaubern eingesetzt – immer dann, wenn etwas zum Wachsen oder Transformieren gebracht werden soll. Solltest du dich für den Einsatz entscheiden, achte darauf hygienisch zu arbeiten und nicht mehr als zwei bis drei Tropfen zu verwenden. Benötigst du Eigenblut, wasche deine Hände und benutze eine sterile Nadel oder eine Lanzette aus der Apotheke, um dich in den Finger zu stechen. Desinfiziere danach alles, was mit dem Blut in Berührung gekommen ist.

Zaubersprüche

Um einen Zauber fruchtbar zu machen, ist es hilfreich, weibliche und männliche Prinzipien zu vereinen. Das geschieht auf mehreren Ebenen und in mehreren Handlungen gleichzeitig, so auch mit dem Gegensatz von Symbol (weiblich) und Sprache (männlich). Ein Zauberspruch kann die Symbolhaftigkeit eines Rituals zusätzlich befruchten. Er sollte, wenn möglich, positiv formuliert sein. „Ich rufe finanziellen Segen herbei“ statt „Ich möchte nicht mehr arm sein“, weil dein Unterbewusstsein Verneinungen nicht wahrnimmt und sich auf die Schlagwörter konzentriert. Bei „Ich möchte nicht mehr arm sein“ wären das z. B. „Ich“ und „arm“, und das wäre genau das Gegenteil von dem, was du manifestieren möchtest. Es ist jedoch nicht in jedem Fall möglich, eine Verneinung zu verhindern, wenn man präzise sein möchte. Vor allem bei einem Ausschluss kommt man nicht drumherum. In den Zaubersprüchen, die andere Personen betreffen, gebe ich oft den Ausschluss „Ohne

Zwang und ohne Schaden, so werde ich es erwarten", um der Zielperson ihren freien Willen zu lassen. Achte dabei darauf, zu visualisieren, wie die Zielperson frei entscheidet. Du kannst auch – wie bei allen anderen Zaubersprüchen – meine Vorschläge mit eigenen Sprüchen ersetzen.

Richtungen

In vielen Ritualen zieht man mit dem Finger, Athame oder Zauberstab im Wasser oder in der Luft Kreise. Die Richtung im Uhrzeigersinn fühlt sich für die meisten Menschen natürlich an, deswegen wird diese Richtung benutzt, um Dinge oder Energien anzuziehen. Gegen den Uhrzeigersinn wird von den meisten Menschen als unnatürlich empfunden, deswegen wird diese Richtung benutzt, um Dinge oder Energien abzuwehren und aufzulösen. So habe ich sie auch in diesem Buch verwendet. Solltest du es anders empfinden – das ist oft bei Linkshändern der Fall – kannst du den Zauber dementsprechend abwandeln.

Chakras

Vor allem die Zauber zum Thema Selbstliebe basieren auf der indischen Chakralehre, weil die gedachten Energiezentren im eigenen Körper visualisiert werden können. Dein Unterbewusstsein erfühlt so ihre Bedeutungen und kann direkt mit ihnen arbeiten. Es folgt eine stichwortartige Beschreibung ihrer Funktion, welche durch das zusätzliche Lesen von Literatur ergänzt werden sollte:

Wurzelchakra: Sitz zwischen Genitalien und Anus – Farbe Rot – Element Erde: Verbindung zur physischen Welt, Wurzeln, Ahnen, Urvertrauen, Sicherheit, Finanzen
Sakralchakra: Sitz im Unterbauch – Farbe Orange – Element Wasser: Emotionen, Gefühle, Kreativität, Fruchtbarkeit
Solarplexuschakra: Sitz im Oberbauch – Farbe Gelb – Element Feuer: Macht, Leistung, Durchsetzungsfähigkeit, Selbstverwirklichung, Einfluss auf die Außenwelt
Herzchakra: Sitz im Herzen – Farbe Grün – Element Luft: Selbstliebe, Bedingungslose Liebe, Mitgefühl, Schönheit
Halschakra: Sitz in der Kehle – Farbe Hellblau – Element Geist: Selbstausdruck, Kommunikation, Wahrheit
Drittes Auge: Sitz zwischen den Augenbrauen – Farbe Indigo – Element Geist: Weisheit, Erkenntnis, Intuition, Visualisierung, übernatürliche Wahrnehmung
Kronenchakra: Sitz oberhalb des Kopfes – Farbe Violett/Weiß – kein Element: Einheit, Verbindung mit dem Göttlichen, Spiritualität, Erleuchtung

Jetzt aber los! Ich wünsche dir viel Freude, Erfolg und Magie beim Ausprobieren!

TEIL II

ZAUBER UND RITUALE

KAPITEL 3
VORBEREITUNG

Bevor du ein Ritual beginnst, ist es wichtig, den Körper und das Wachbewusstsein zur Ruhe zu bringen, um die Tore zur Unterwelt, zum Unterbewusstsein, zu öffnen. Sobald du es versuchst, wirst du bemerken, dass sich dein Körper und deine Gedanken dagegen wehren. Dann juckt deine Nase, du bekommst Hunger oder musst dringend pinkeln. Du denkst an diese eine peinliche Situation damals in der vierten Klasse oder fragst dich, ob du vielleicht umdekorieren solltest. Ihr Einfallsreichtum kennt keine Grenzen, wenn es darum geht, dich abzulenken. Es ist eine Schutzreaktion, um dein Innerstes vor ungewollten Manipulationen an den Programmen, die deine Realität erschaffen, zu bewahren. Doch bleib dabei. Es ist nur eine Frage der Zeit und Übung, bis sich der Körper beruhigt und so dein Wachbewusstsein beeinflusst. Deine Gedanken werden stiller. Die Tore öffnen sich.

In der Magie wird diese geistige Vorbereitung **Erden und Zentrieren** genannt. Das Ziel ist es, Körper und Geist so weit zu entspannen, bis du eine tiefe Trance erreichst und dich mit dem Universum und seinen Kräften verbinden kannst. Nur durch Stille erhältst du die Macht über dein Leben und kannst deinen Zauber pflanzen. Denn wenn du Erde immer wieder umgräbst, wird kein Samenkorn sprießen. Auch muss sie geschützt und frei von Unkraut sein, das das Wachstum behindern könnte – was uns zum **magischen Kreis** bringt.

In Trance ist der Geist weit geöffnet, sodass er anfällig für negative Eindrücke und Energien wird. Deswegen ist es wichtig, ihm einen Schutzraum zu bieten. Dieser Schutzraum wird „der magische Kreis" genannt. Ihn um dich und deinen Arbeitsplatz herum zu ziehen und zu visualisieren, hilft dem Unterbewusstsein, sich noch weiter zu öffnen, sodass du die Kräfte unbesorgt fließen lassen kannst. Wenn du höhere Wesen anrufst oder mit Energien anderer Personen arbeitest, ist er unabdingbar. Arbeitest du nur mit deinen eigenen Energien, muss er meiner Meinung nach nicht gezogen werden, weil es in dir nichts gibt, wovor du Angst haben brauchst. Es ist dir überlassen, zu entscheiden, ob und wann du ihn ziehen möchtest. Du kannst zum Beispiel Teile des Rituals, wie z. B. das Einritzen und Salben von Kerzen, vorher erledigen oder diese Handlung wie einen vollständigen Teil des Zaubers behandeln. **In vielen Anleitungen fehlt ein zusätzlicher Hinweis zum Erden, Zentrieren und Ziehen des magischen Kreises, jedoch solltest du daran denken, diese Vorbereitungen zu treffen, wenn du es für notwendig hältst. Nur in die Anleitungen, in denen das Erden und Zentrieren wie auch das Ziehen des magischen Kreises einen Teil der Haupthandlungen darstellt, habe ich sie aufgenommen.**

Ich rate dir, dich über die folgenden Übungen hinaus mit unterschiedlichen Entspannungstechniken wie z. B. Atemübungen, Selbsthypnose, autogenem Training, geführten Meditationen und Yoga auseinanderzusetzen, um herauszufinden, worauf dein Körper und Geist am besten mit Entspannung reagieren.

Erden und Zentrieren

Schalte alle elektronischen Geräte ab und sorge dafür, dass du ungestört bist. Setze dich in eine dir angenehme Position auf den Boden. Die Wirbelsäule solltest du ohne Anstrengung gerade halten können. Jetzt schließe die Augen. Atme dreimal tief durch. Bei jedem Einatmen stelle dir helles Licht vor, das deinen gesamten Körper erfüllt. Bei jedem Ausatmen visualisiere, wie das Licht alles Dunkle in dir, alle Sorgen und Anspannungen mit hinausnimmt. Nun kehre zu deiner normalen Atemfrequenz zurück und zähle 21 Züge, während du dich voll und ganz auf den Luftstrom konzentrierst. Jetzt stelle dir vor, wie Wurzeln aus dem Steißbein tief in den Boden bis in das Zentrum der Erde wachsen. Fühle, wie sie mit Licht und Energie versorgt werden und dein Körper ganz langsam bis hoch in den Kopf davon erfüllt wird. Wenn das Licht die höchste Stelle des Schädelknochens erreicht hat, visualisiere, wie er sich öffnet und das Licht bis in die Weiten des Himmels schießt. Spüre mit allen Sinnen, wie dein Körper und dein Geist mit der Erde und dem Universum verbunden werden. Visualisiere eine Lichtsäule, die aus dem Himmel auf den höchsten Punkt des Schädelknochens trifft, ihn durchdringt und deinen Körper von oben nach unten, bis tief in die Wurzeln, mit Licht und Energie füllt. Spüre, wie sich die aufsteigende und absteigende Lichtsäulen umkreisen. Spüre, wie dein gesamtes Wesen mit der Kraft des Universums aktiviert und erfüllt wird. Dann konzentriere die Energie mit einer Visualisierung wie einen strahlenden Lichtball in der Körpermitte. Dieser Lichtball ist das Zentrum deiner Macht, aus dem du die Kraft für den nachfolgenden Zauber ziehst.

Du bist jetzt geerdet und zentriert.

Der magische Kreis

Es gibt viele unterschiedliche Arten, den magischen Kreis zu ziehen – so viele, wie es Hexen gibt. Du kannst zum Beispiel deine Ahnen anrufen und visualisieren, wie sie in einem schützenden Kreis um dich herum erscheinen. Oder aber du visualisierst deine Krafttiere, die den Raum um dich herum mit ihrer Energie erfüllen.

Wenn du noch keine persönliche Methode gefunden hast, einen Schutzraum zu bilden, bietet dir die folgende Anleitung eine Hilfestellung, die aus der westlichen Zeremonialmagie abgeleitet ist und nach den eigenen Wünschen abgewandelt werden kann. Der visualisierte Kreis sollte so groß sein, dass der gesamte magische Arbeitsplatz hineinpasst. Solltest du während des Rituals aus dem Kreis austreten müssen, öffne ihn mit einer entsprechenden Handbewegung, indem du z. B. den Umriss eines Durchgangs in die Luft zeichnest. Schließe ihn hinter dir. Wenn du zurückkehrst, öffne und schließe ihn erneut.

Was du dafür brauchst:

- Deine dominante Hand/Athame/Zauberstab
- Visualisierung

Optional:

- Deinen Hexenkessel oder eine Schale mit Salz/ Erde gefüllt für das Element Erde im Norden
- Räucherung mit schützenden Kräutern, wie z. B. Lorbeer, Rosmarin, Salbei, Wacholder, für das Element Luft im Osten
- Eine rote Kerze für das Element Feuer im Süden
- Deinen Hexenkelch oder ein Glas mit Wasser gefüllt für das Element Wasser im Westen

Stelle dich mit dem Blick nach Norden ggf. vor den Hexenkessel/die Schale hin. Wenn du nicht weißt, wo Norden ist, lade dir zur Not eine Kompass-App herunter. Dann fühle dich in die Füße hinein. Spüre wie sie fest auf dem Boden stehen. Visualisiere die Lichtkugel in deiner Mitte, die du beim Erden und Zentrieren gebildet hast. Lasse das Licht in die dominante Hand fließen und von da aus ggf. in dein Athame oder deinen Zauberstab. Hebe den Arm und strecke die Hand aus.

Sprich: „Ich rufe an die Mächte der Erde, Mächte des Wachstums, Mächte der Fruchtbarkeit, kommt und schützt diesen Kreis!" Spüre, wie sich die Atmosphäre durch die Kraft der Erde verändert. Dann zeichne ein Pentagramm in die Luft. Visualisiere, wie es leuchtet und der Schutz so aktiviert wird. Gehe weiter im Kreis, während du die

Hand erhoben hältst und visualisierst, wie du das Licht in einem Bogen bis in den Osten ziehst. Stelle dich ggf. vor die Räucherung.

Sprich: „Ich rufe an die Mächte der Luft, Mächte des Himmels, Mächte der Gedanken, kommt und schützt diesen Kreis.“ Spüre, wie sich die Atmosphäre durch die Kraft der Luft verändert. Zeichne ein Pentagramm in die Luft und visualisiere es. Dann ziehe den Bogen weiter in den Süden.

Stelle dich ggf. vor die Kerze und sprich: „Ich rufe an die Mächte des Feuers, Mächte des Lichts, Mächte der Leidenschaft, kommt und schützt diesen Kreis!“ Spüre, wie sich die Atmosphäre durch die Kraft des Feuers verändert. Zeichne wieder ein Pentagramm in die Luft und visualisiere, wie das Licht dabei aus deiner Hand strömt. Ziehe das Licht mit ausgestreckter Hand weiter bis in den Westen.

Dort sprich: „Ich rufe an die Mächte des Wassers, Mächte der Tiefen, Mächte des Wissens, kommt und schützt diesen Kreis!“ Spüre, wie sich die Atmosphäre durch die Kraft des Wassers verändert. Zeichne ein Pentagramm in die Luft und visualisiere es. Ziehe das Licht weiter zum Ausgangspunkt im Norden.

Wenn du ihn erreichst, sprich: „So sei es!“ Visualisiere, wie sich das Lichtband nach oben und unten ausbreitet und eine weiße Lichtkugel um dich und deinen magischen Arbeitsplatz herum formt.

Du bist jetzt geschützt.

Opfergaben

Ein zusätzlicher Schritt nach dem Kreisziehen ist das Anrufen von Geistwesen, deren Kräfte den Zauber unterstützen sollen. Heutzutage findet man kaum zwei Hexen, die in ihren Glaubensvorstellung zu 100% übereinstimmen. Manche glauben an bestimmte Gottheiten, manche an Energieprinzipen, manche arbeiten nur mit ihren Ahnen, Engeln oder Geistführern und wieder andere rufen gar keine höheren Wesen für ihre magische Arbeit herbei, sondern glauben nur an ihre eigene Macht (und das berechtigterweise!). Es ist eine wunderschöne Vielfalt, die wir heutzutage haben. Sie gibt uns die Freiheit, uns und unsere Persönlichkeit individuell in der Hexenkunst auszudrücken.

Ich selbst mache von dem Zweck des Rituals abhängig, ob ich nur mit meiner eigenen Energie oder mit fremden Energien arbeite. Wenn ich aber höhere Wesen anrufe, hat es sich für mich als hilfreich herausgestellt, ihnen zusätzlich zu den Ritualgegenständen ein Opfer aus Kerzen, Räucherungen und/oder Speisen und Getränken darzubringen (Tieropfer gehören definitiv nicht dazu!). Es ist eine Form der Ehrerbietung und stellt zusätzliche Energie für die Verwirklichung der magischen Intention dar.

In den Ritualanleitungen dieses Buches habe ich die Beschwörung höherer Wesen aufgrund der zu großen Vielfalt weggelassen. Hast du aber persönliche Gottheiten oder Kräfte, und möchtest sie als Unterstützung für deine Rituale vor den hier beschriebenen Abläufen herbeirufen, steht dir das selbstverständlich frei. Wenn du ihnen ein Opfer darbringen möchtest, denke daran, es zusätzlich zu den aufgelisteten Werkzeugen und Zutaten zu besorgen.

Kapitel 4
Selbstliebe

Ich beginne die Anleitungen mit dem Thema Selbstliebe und Selbstfürsorge, weil es in den meisten Fällen einfacher ist, sich zu verändern, statt die Umstände. Fehlende Selbstliebe kann die Ursache für viele Probleme sein. Vielleicht denkst du, du bist es nicht wert, genug Geld zu verdienen, und gibst dich mit einem Job zufrieden, der deinen Talenten nicht gerecht wird. Vielleicht nimmst du dich nicht an und vermittelst Mitmenschen und potenziellen Partnern, dass auch sie dich nicht annehmen sollten. Oder aber dein Selbsthass führt dazu, dass dein Körper sich ihm beugt und du ständig krank bist.

Geld, Liebe, Gesundheit – das sind die Themen, die das Leben am stärksten bestimmen. Was aber, wenn du das Übel, das du magisch bekämpfen möchtest, direkt an der Wurzel packen kannst? Die folgenden Rituale helfen, Blockaden im Unterbewusstsein zu beseitigen. So wird dein Weg für noch größere Veränderungen frei.

In ihnen kommen oft Kräutertees und Wasser zum Einsatz, weil man durch das Trinken einen direkten, spürbaren Einfluss auf den eigenen Körper und damit auch den Geist ausübt.

Loslassen, was dem höchsten Wohl nicht mehr dient

Dieser Zauber hilft dabei, seelischen Ballast – Gefühle, Gedanken und Verhaltensweisen, die deinem höchsten Wohl nicht mehr dienen – loszuwerden und wieder nach vorne zu blicken. Das kann eine vergangene Beziehung sein, der du noch nachhängst, oder eine schwierige Zeit im Beruf oder der Familie. Der Zauber sollte bei abnehmendem Mond oder bei Neumond durchgeführt werden.

Was du dafür brauchst:

- Papier und Stift
- Eine Haarbürste
- Einen Spiegel
- Eine schwarze, eine rote und eine weiße Kegelkerze
- Getrocknete reinigende Kräuter wie z. B. Lorbeer, Rosmarin, Salbei, Wacholder
- Deinen Hexenkessel oder eine feuerfeste Schale

Optional:

- Räucherung mit reinigenden Kräutern (siehe oben)
- Reinigende Steine wie z. B. Hämatit, Obsidian, Onyx, Rauchquarz, schwarzer Turmalin

Stelle den Spiegel so auf, dass du dein Gesicht darin betrachten kannst und arrangiere ggf. die Steine deiner Wahl zu beiden Seiten. Vor den Spiegel stelle von links nach rechts die schwarze, die rote und die weiße Kegelkerze auf. Sie symbolisieren Vergangenheit, Gegenwart und Zukunft. Halte die übrigen Utensilien bereit. Dann entzünde die schwarze und die rote Kerze und ggf. die Räucherung. Die weiße Kerze behalte beiseite. Komme zur Ruhe. Konzentriere dich auf den Ballast in deinem Leben, den du loswerden möchtest, und schreibe alles auf ein Blatt Papier. Dann bürste dreizehn Mal durch deine Haare, während du dich im Spiegel betrachtest. Visualisiere, wie du Vergangenes aus deinem Leben bürstest und deine Gedanken und Gefühle immer klarer, freier und leichter werden. Beobachte die Veränderung in deinem Gesicht. Dann nimm die hängengebliebenen Haare aus der Bürste und lege sie auf den Brief. Gib reinigende Kräuter deiner Wahl dazu und falte den Brief dreimal. Zünde ihn in der schwarzen Kerze der Vergangenheit an und lege ihn in die feuerfeste Schale. Sprich in die Flammen:

„Verbrenne, tilge, wehe weg!
Alles, was mein höchstes Wohl hindert,
Soll verschwinden mir zum Zweck!“

Wiederhole den Spruch, bis alles verbrannt ist. Spüre die Erleichterung und lasse sie eine Zeit lang wirken. Dann nimm die rote Kerze der Gegenwart und lösche mit ihrer Unterseite die schwarze Kerze der Vergangenheit. Sprich dabei:

„Die Macht der Vergangenheit ist gebrochen.
So soll es sein,
Ich habe gesprochen!“

Stelle die Kerze in die Mitte zurück. Dann nimm die weiße Kerze der Zukunft und entzünde sie an der roten Kerze der Gegenwart. Sprich dabei:

„Frei bin ich!
Mehr Raum in meiner Gegenwart,
In meiner Zukunft,
Für Freude und Licht!“

Schaue ein letztes Mal in den Spiegel. Betrachte dein neues befreites Ich und sprich: „So sei es!“ Nimm die Schale mit der Asche, gehe hinaus und streue sie in den Wind.

Verlorengegangene Macht zurückrufen

Wie oft hast du die Macht über dein eigenes Leben auf- oder an andere Menschen abgegeben? Vielleicht hast du nie gelernt, was es heißt, die Macht über das eigene Leben in den Händen zu halten. Vielleicht wurde sie dir aber auch gewaltsam entrissen oder es war ein schleichender Prozess. Du hast geschwiegen, wenn du hättest reden sollen, dich zurückgezogen, wenn du für dich hättest einstehen müssen. So hast du dich mehr und mehr der Verantwortung, die das Leben von dir fordert, entzogen. Dieser Zauber hilft, all die Macht, die dir – auch in vergangenen Leben – abhandengekommen ist, zurückzurufen und dich auf Thron deines Lebens zu setzen. Er sollte an Vollmond, wenn es geht nackt, durchgeführt werden.

Was du dafür brauchst:

- Vier kleine Spiegel
- Vier lila Kerzen
- Mond- und Sonnenwasser aus Trinkwasserflaschen (siehe S. 25 - 26)
- Zwei Kelche oder Gläser

Optional:

- Räucherung mit Kräutern, die den Geist öffnen wie z. B. Beifuß, echtes Eisenkraut, Kampfer, Weihrauch
- Steine, die den Geist öffnen wie z. B. Angelit, Bergkristall, Moldavit, Mondstein, Selenit

Stelle dir einen Kreis mit ca. zwei Metern Durchmesser vor. Setze die vier Spiegel mit der reflektierenden Oberfläche zur Mitte hin in die vier Himmelsrichtungen. Davor setze die Kerzen und entzünde sie, sodass ihre Flammen reflektiert werden. Wenn du Kristalle verwenden möchtest, setze sie wiederum vor die Kerzen. Stelle ein Gefäß mit Mondwasser in den Norden und das andere Gefäß mit Sonnenwasser in den Süden. Entzünde die Räucherung. Führe die Erdung und Zentrierung in der Mitte des Kreises durch. Dann erhebe dich. Drehe dich im Kreis und betrachte dein Gesicht in den Spiegeln. Konzentriere dich auf deine Intention. Werde dir bewusst, dass du allein die Macht hast, dein Leben so zu gestalten, wie du es willst. Visualisiere, wie das Licht der Erdung und Zentrierung aus dir hinausscheint und dein ganzes Leben erhellt. Gehe in den Norden und hebe das Mondwasser über den Kopf. Sprich:

„Bei der Kraft des Mondes, der Göttin, des ewigen Meeres der Dunkelheit und Tiefe, bei der Kraft des Todes und der Unterwelt – alle Macht, die ich in vergangenen Leben verloren habe, rufe ich zu mir zurück! Kehre zurück zu mir!“

Visualisiere so klar wie möglich, wie Blitze deiner Macht das Mondwasser füllen und die Atmosphäre sich verändert. Trinke es und spüre, wie dein Unterbewusstsein und deine verdrängten Erinnerungen und Gefühle davon erfüllt werden. Lass es wirken. Dann gehe in den Süden und nimm das Sonnenwasser in beide Hände. Hebe es über den Kopf und sprich:

„Bei der Kraft der Sonne, des Gottes, des ewigen Feuers, bei der Kraft des Lichts – alle Macht, die ich in diesem Leben verloren habe, rufe ich zu mir zurück! Kehre zurück zu mir!"

Visualisiere, wie deine zurückgerufene Macht das Sonnenwasser wie Blitze füllt und die Atmosphäre sich verändert. Trinke es und spüre, wie dein Oberbewusstsein, deine Gedanken, Gefühle und körperlichen Sinne davon erfüllt werden. Lass es wirken. Danach gehe zurück in die Mitte und betrachte dich nach und nach in den Spiegeln, indem du dich erneut im Kreis drehst. Visualisiere, wie alle Macht, die von dir ausgeht, automatisch auf dich zurückreflektiert wird. Sprich dabei:

„Zurück, zurück, zu mir zurück,
Meine Macht behalte ich immer im Blick.
Zurück, zurück, zu mir zurück,
In meiner Hand halte ich mein Glück!"

Bleib stehen und sprich zum Abschluss: „So sei es!"

Urvertrauen

Das Urvertrauen kann durch traumatische Ereignisse gestört sein. Dann ist Angst der ständige Begleiter. Angst, nicht genug zum Leben zu haben, Angst, verlassen zu werden, Angst vor der Zukunft. Dieser Zauber hilft dir, das Urvertrauen zum Leben und zum Universum wiederherzustellen, sodass du mit Hoffnung und der tiefen Sicherheit, getragen zu sein, in die Zukunft blicken kannst. Er sollte bei zunehmendem oder bei Vollmond, wenn es geht nackt, gewirkt werden.

Was du dafür brauchst:

- Blütenblätter oder -köpfe von Gänseblümchen/ Margeriten/Kamillen
- 5 weiße Kerzen
- Mondwasser aus einer Trinkwasserflasche (siehe S. 26)
- Deinen Hexenkelch oder ein Glas
- Ein Stück Brot
- Öl mit Kräutern, die das Urvertrauen stärken wie z. B. Angelikawurzel, Fenchel, Sandelholz, Sternanis

Optional:

- Räucherung mit Kräutern, die das Urvertrauen stärken (siehe oben)
- 5 Steine, die das Urvertrauen stärken wie z. B. Blauer Achat, Blutjaspis, Moosachat, Obsidian, Onyx, schwarzer Turmalin
- Dein Athame oder Zauberstab

Streue die Blüten in einen Kreis auf den Boden. Er sollte so groß sein, dass du mit ausgestreckten Armen und Beinen hineinpasst. Dann stelle eine weiße Kerze und ggf. einen Stein deiner Wahl an die obere Spitze eines gedachten Pentagramms. Die vier restlichen Kerzen und ggf. Steine lege an die restlichen vier gedachten Spitzen. Lege das mit Mondwasser gefüllte Gefäß, das Brot und das Kräuteröl deiner Wahl in dem Kreis bereit. Setze dich in die Mitte und komme zur Ruhe. Erde und zentriere dich. Spüre mit allen Sinnen die Verbindung zur Erde und zum Universum. Du bist und warst schon immer ein Teil des Einen, des Göttlichen. Dann hebe das Gefäß und sprich:

„Wasser des Lebens, fließe durch mich.
Schenke mir Vertrauen in dich."

Trinke davon. Halte das Brot in die Höhe und sprich:

„Brot der Erde, nähre mich,
sodass ich wachse durch dich."

Iss es. Dann nimm das Öl und salbe deine Füße. Sprich: „Mein Weg sei gesegnet. Tragt mich sicher!“ Salbe den Punkt über deinem Schambein und sprich: „Ort der Schöpfung, sei gesegnet. Bringe im Vertrauen Neues hervor.“ Salbe dein Herz und sprich: „Ort der Liebe, sei gesegnet. Öffne dich weit.“ Salbe deine Hände und sprich: „Meine Taten, seid gesegnet. Streckt euch aus!“ Salbe den Punkt zwischen den Augen und sprich: „Ort des Geistes, sei gesegnet und siehe!“

Visualisiere nach jeder Segnung, wie die Körperstelle anfängt zu leuchten. Dann stelle dich hin und ziehe mit deiner dominanten Hand, deinem Athame oder Zauberstab von einem Kristall zum anderen ein Pentagramm und visualisiere es wie Licht. Sprich dabei:

„Wasser, Feuer, Erde, Luft,
Alles, was ist, all das bin ich.
Der Geist vereint alles in mir.
Ich im Kosmos und der Kosmos hier.“

Bei „hier“ zeige auf dich. Lege dich in das Pentagramm hinein, mit dem Kopf an die Spitze. Deine Gliedmaßen zeigen zu den restlichen Kerzen und Kristallen. Visualisiere, wie du selbst zu dem Pentagramm wirst und so das ganze Universum verkörperst. Spüre die absolute Macht, die in dich übergeht. Erkenne, dass du in allem bist und alles in dir ist. Du bist als Teil des Ganzen immer getragen.

Nach einer Weile der Meditation sprich: „So sei es!“

Den richtigen Weg erkennen

In vielen Kulturen und Glaubensrichtungen spielen Wegkreuzungen – vor allem Dreiwegkreuzungen – eine große Rolle. In hinduistisch geprägten Gegenden werden dort täglich Opfer dargebracht, aber auch afrikanische und südamerikanische Kulte führen an Kreuzungen besondere Rituale aus. In Europa kannte man Dreiweggottheiten beispielsweise bei den Kelten, Griechen und Römern. Da Kreuzungen Übergangspunkte sind, wird davon ausgegangen, dass die Schleier zur Geistwelt dort besonders dünn sind und ein Kontakt zu Geistwesen leichter fällt. Außerdem symbolisieren sie die Wege des Lebens, Punkte, an denen man Entscheidungen treffen muss und übernatürliche Weisheit anrufen kann.

Musst du eine wichtige Entscheidung treffen und brauchst dabei Hilfe, kann dir folgendes Ritual nützen. Es sollte um Mitternacht an Neumond durchgeführt werden.

Was du dafür brauchst:

- Drei weiße Kerzen
- Drei Lorbeerblätter als Symbol für Weisheit
- Drei Zettel mit deinen aufgeschriebenen Optionen
- Deinen Hexenkessel oder eine feuerfeste Schale
- Beifußtee (nicht in der Schwangerschaft trinken!)

Optional, aber sehr zu empfehlen:

- Falls du in der Wohnung arbeitest – drei Äste z. B. von einer Weide oder einer Erle (sie sind sogenannte Schwellenbäume)
- Ein Speise- und Trankopfer
- Öl mit Kräutern, die den Geist öffnen wie z. B. Beifuß, echtes Eisenkraut, Kampfer, Weihrauch
- Räucherung mit Kräutern, die den Geist öffnen (siehe oben)
- Steine für Weisheit wie z. B. Amethyst, Bergkristall, Coelestin, Labradorit, Mondstein, Selenit

Entscheide, ob du draußen an einer Wegkreuzung oder in der Wohnung arbeiten möchtest. Wenn du dich für die Wohnung entscheidest, kannst du drei Äste als Symbol für drei Wege so auf den Boden legen, dass sie sich an einer Seite berühren und in unterschiedliche Richtungen zeigen. In ihrer Mitte sollten die feuerfeste Schale und ggf. die Räucherung platziert werden. Jetzt schreibe die Optionen, die zur Entscheidung stehen, auf drei Zettel. Wenn du dich nur zwischen zwei Optionen entscheiden musst, lasse den dritten als Möglichkeit für die Geistwelt frei, dir die Augen für etwas ganz anderes, aber für dich Bestimmtes zu öffnen. Dann koche den Beifußtee. Nimm dafür entweder einen Teelöffel getrockneten oder zwei Teelöffel frischen Beifuß. Er verlängert die REM-Phase im Schlaf und macht Träume klarer, sodass man durch sie besser Botschaften empfängt und sich nach dem Aufwachen an sie erinnert. Du kannst das Kochen des Tees mit angezündeten Kerzen, Räucherungen und aufgestellten

Kristallen deiner Wahl begleiten. Gib das Kraut in das kochende Wasser und lass es zwei bis drei Minuten ziehen. Halte deine rechte Hand, dein Athame oder Zauberstab darüber und sprich:

„Schenke mir Weisheit,
Klär meine Sicht,
Sodass ich wähle,
Was gut für mich ist.“

Visualisiere, wie die Bedeutung deiner Worte in den Tee fließt. Seihe die Kräuter ab und fülle den Tee in eine Flasche, die du mit an eine Wegkreuzung nehmen kannst, oder aber in eine Tasse, falls du in der Wohnung arbeitest. Salbe die Kerzen von oben nach unten mit dem Kräuteröl. Stelle sie in jede Richtung des Weges oder an das äußere Ende der Äste, um das Licht zu symbolisieren, das dich bei jeder Entscheidung leiten soll. Wenn du draußen arbeitest, musst du dich nicht direkt auf die Mitte des Weges oder der Straße stellen. Es reicht, am Rand zu arbeiten. Stelle alle anderen Utensilien bereit. Erde und zentriere dich. Ziehe den magischen Kreis und rufe ggf. deine Gottheiten oder andere Geistwesen an. Bring ihnen ggf. Opfergaben dar. Dann nimm den Tee in die Hand und sprich:

„An drei Wegen stehe ich
Und wünsche göttlichen Rat für mich.
Zeigt mir, was gut ist,
Was weise und hilfreich,
So bitte ich drum,
Führt mich ins Licht!“

Wende dich in die erste Richtung und trinke einen großen Schluck. Nimm ein Lorbeerblatt und lege es auf den Zettel der ersten Option. Falte das Blatt drumherum und visualisiere für einen Moment deine erste Option. Dann zünde den Zettel in der ersten weißen Kerze an. Lege ihn in die feuerfeste Schale und sprich, während es brennt:

„Ich schicke dich hinaus,
Komm nur zu mir zurück,
Wenn ich dich brauch."

Jetzt wende dich in die zweite Richtung. Trinke nochmals einen großen Schluck und wiederhole das Visualisieren, Verbrennen und Hinausschicken mit der zweiten Option und demselben Zauberspruch. Leere den Tee, bevor du die dritte Option hinausschickst. Solltest du nur zwei Optionen haben und eine dritte für die Geistwelt offenlassen wollen, nimm den unbeschriebenen Zettel und lege ebenfalls das Lorbeerblatt hinein. Beim Verbrennen lautet der Zauberspruch jedoch:

„Ein dritter Weg soll sich mir zeigen.
Ist er für mich bestimmt,
Will ich ihn besteigen."

Dann schließe das Ritual mit den Worten „So sei es!"

Das innere Kind heilen

Wir alle tragen unser inneres Kind mit uns herum. Dieses innere Kind ist oft stark verletzt. Vielleicht hast du in der Kindheit Zurückweisung oder Liebesentzug als Strafe für „falsches“ Benehmen erfahren, sodass dein Selbstwertgefühl angeschlagen ist. Jetzt, viele Jahre später, reagierst du mit unerklärlicher Wut oder Traurigkeit über scheinbare Kleinigkeiten. Die Arbeit mit dem inneren Kind ist ein langer Prozess, der Zeit, Reflexion und Offenheit erfordert. Ein Ritual kann diesen Prozess unterstützen und – regelmäßig angewendet – vergessene Verletzungen an die Oberfläche holen, um sie zu dann heilen. Der Zauber kann unabhängig von der Mondphase durchgeführt werden.

Was du dafür brauchst:

- Mondwasser aus einer Trinkwasserflasche (siehe S. 26)
- Fencheltee
- Einen Topf
- Ein Bild von dir als Kind
- Eine weiße und eine rosa Kerze
- Etwas zum Einritzen wie z. B. eine Nadel
- Öl mit emotional heilenden und beruhigenden Kräutern wie z. B. Baldrian, Fenchel, Kamille, Lavendel, Zitronenmelisse
- Stift und Notizheft

Optional:

- Räucherung mit emotional heilenden und beruhigenden Kräutern (siehe oben)
- Steine für innere Heilung wie z. B. Amethyst, blauer Achat, Mondstein, Rhodochrosit, Rosenquarz, Selenit

Bringe das Mondwasser auf dem Herd zum Kochen und begleite es ggf. mit Kerzenschein, Räucherungen und den Steinen deiner Wahl. Gib den Fencheltee in das Wasser und lasse ihn zwei bis drei Minuten ziehen. Dann halte deine rechte Hand, dein Athame oder deinen Zauberstab darüber und sprich:

„Mondwasser und Fenchelkraut,
Zeigt mir Dinge, die mir vertraut,
Doch lange vergessen und sich in mir gestaut,
Auf dass ich sie reinige, löse und heile,
Und in tiefem Frieden verweile."

Visualisiere, wie die Bedeutung der Worte in das Wasser fließt. Fülle den Tee ab und bringe ihn an deinen magischen Arbeitsplatz, einem Altar oder Tisch, an dem du in den nächsten Wochen arbeiten wirst. Stelle dort auch das Foto von dir auf. Ritze in die weiße Kerze das Wort Heilung oder eine Sigille, die für dich Heilung symbolisiert. Salbe sie von oben nach unten mit dem Kräuteröl. Dann ritze in die rosa Kerze das Wort „Liebe" oder eine Sigille, die für dich Liebe symbolisiert, und salbe sie ebenfalls mit dem Kräuteröl von oben nach unten. Stelle die Kerzen zu beiden Seiten des Fotos auf und entzünde sie. Entzünde ggf. auch die Räucherung. Halte den Tee, dein Notizheft und einen Stift bereit. Komme beim Anblick der Flammen zur Ruhe. Erde und zentriere dich, dann trinke etwas von dem Tee. Betrachte das Foto von dir und stelle im Geist Fragen an dich als Kind, z. B. „Was hat dich verletzt?“, „Wo tut es weh?“. Schreibe alle Erinnerungen auf, die dir in den Sinn kommen. Nimm dir danach immer nur eine Verletzung oder Erinnerung nach der anderen vor, bevor du zuerst die Kerze für Heilung und dann für Liebe in beide Hände nimmst und vor dein Herz hältst. Visualisiere ihre Kraft wie das Licht der Flamme, das in dein Herz fließt und die Verletzung heilt und mit bedingungsloser Liebe füllt. Sprich zum Abschluss „So sei es.“

Du kannst dieses Ritual so oft durchführen, bis du das Gefühl hast, abschließen zu können. Lasse während dieses Prozesses das Bild und die Kerzen stehen und sammle in dem Notizheft die schmerzhaften Erinnerungen. Am Ende reiße die beschriebenen Seiten heraus und lasse das Wachs der beiden Kerzen und damit Heilung und Liebe großzügig auf sie tropfen. Lege die Blätter in Fencheltee ein. Spüre die wohltuenden, wiederherstellenden Energien. Am Ende sollten die Kerzen vollständig herabgebrannt sein. Die Zettel in dem Fenchelwasser können drei Tage lang darin aufbewahrt werden, bevor alles entsorgt wird.

Innere Kraft

Dieser Zauber hilft, dein Selbstbewusstsein und Durchsetzungsvermögen zu stärken und deine innere Kraft wiederzufinden, wenn du sie durch Belastungen verloren hast. Er sollte bei Vollmond direkt am Herd gewirkt werden.

Was du dafür brauchst:

- Sonnenwasser aus einer Trinkwasserflasche (siehe S. 25)
- Einen Topf
- 6 orange Kerzen
- Ein Stück Ingwer, geschält und in Scheiben geschnitten
- Zitronensaft

Optional:

- Räucherung mit energiereichen Kräutern wie z. B. Ingwer, Johanniskraut, Kardamom, Zitronenschalen
- Steine für Energie wie z. B. Bergkristall, Citrin, Feuerachat, Karneol
- Dein Athame oder Zauberstab

Entzünde auf beiden Seiten des Herdes jeweils drei orange Kerzen und ggf. die Räucherung. Arrangiere die Steine deiner Wahl drumherum. Dann koche das Sonnenwasser in einem Topf. Versenke dich in den Anblick der aufsteigenden Blasen und den Dampf, bis dein Kopf ganz leer wird und du das Gefühl hast, hineingezogen zu werden. Lasse dir hierfür genügend Zeit. Wenn du das Gefühl hast, deine Gedanken sind ausreichend zur Ruhe gekommen, gib den Ingwer und etwas Zitronensaft hinein. Halte deine dominante Hand, dein Athame oder Zauberstab darüber und sprich:

„Erdenfeuer, Sonnenschein,
Scheint in diesen Topf hinein,
Bringt mir Kraft und bringt mir Stärke,
Bis ich strahle, leuchte, merke,
Dass ich vollbringe meine Werke!
Dies ist mein Wille,
So soll es sein!“

Visualisiere, wie die Bedeutung der Worte in das Wasser fließt. Dann rühre das Wasser mit einem Löffel im Uhrzeigersinn um. Visualisiere, wie sich die Kräfte der Zutaten mit der Hitze, dem Herdfeuer, wie strahlendes Licht verbinden und sinke noch tiefer in die Entspannung. Danach lasse den Tee abkühlen und trinke ihn mit neun großen Schlucken aus. Visualisiere, wie die Kraft des Feuers deinen gesamten Körper und Geist erfüllt und aus der Körpermitte herausstrahlt.

SELBSTLIEBE

Selbstliebe ist heutzutage in aller Munde und doch fällt es oft schwer, sich selbst konsequent anzunehmen und zu lieben. Man muss sich immer wieder daran erinnern, dass man wertvoll, einzigartig und schön ist, denn die Welt um einen herum suggeriert viel zu oft das Gegenteil. Dieser Zauber hilft, dein Selbstbild positiv zu verändern und echte Liebe für dich zu entfachen. Er kann und sollte unabhängig von der Mondphase durchgeführt werden, immer dann, wenn du zu dir zurückfinden möchtest.

Was du dafür brauchst:

- Einen Spiegel mit ca. 30 cm Durchmesser
- Eine Kegelkerze in deiner Lieblingsfarbe und eine rote Kerze
- Etwas zum Einritzen wie z. B. eine Nadel
- Öl mit deinen Lieblingskräutern
- Deinen Hexenkelch oder ein Glas mit Mondwasser
- Deinen Hexenkessel oder eine Schale mit Salz
- Eine Räucherung mit deinen Lieblingskräutern
- Steine für Selbstliebe wie z. B. Bergkristall, Jade, Rhodochrosit, Rosenquarz

Ritze das Wort „Selbstliebe“ oder eine Sigille, die für dich Selbstliebe symbolisiert, in die Kerze in deiner

Lieblingsfarbe und salbe sie von oben nach unten mit dem Öl deiner Wahl. Platziere den Spiegel an die obere Spitze eines gedachten Pentagramms, sodass du dich darin betrachten kannst. An die Spitze rechts vom Spiegel stelle die Schale mit Salz. An die nächste gedachte Spitze im Uhrzeigersinn den Kelch mit dem Wasser. Daneben die rote Kerze und links neben den Spiegel, an die letzte Pentagrammspitze stelle die Räucherung auf. Halte deine Lieblingskristalle und die Kerze, die für Selbstliebe steht, daneben bereit. Entzünde die rote Kerze und die Räucherung und komme zur Ruhe. Betrachte dich in dem Spiegel und fühle alle deine Selbstzweifel, vielleicht sogar den Selbsthass, der sich in dir angesammelt hat. Lasse die Gefühle, die dabei aufkommen, heraus. Dann nimm etwas von dem Salz und gib es in das Wasser. Rühre darin herum, bis es sich aufgelöst hat.

Bestreiche den Spiegel mit dem Salzwasser und visualisiere, wie die Kraft dieser Elemente dein Selbstbild klärt. Sprich: „Mit Erde und Wasser reinige ich mein Selbstbild."

Dann halte die Kerze davor und mache drei kreisende Bewegungen. Sprich: „Mit Feuer reinige ich mein Selbstbild." Visualisiere, wie die Kraft des Feuers dein Selbstbild klärt.

Dann wedele etwas Rauch deinem Spiegelbild entgegen und sprich: „Mit Luft reinige ich mein Selbstbild." Visualisiere, wie das Element der Luft dein Selbstbild klärt.

Jetzt nimm den Spiegel in beide Hände und sprich mit aller Autorität in ihn hinein: „Doch der Geist vereint alles und steht über allem. Und so reinige und segne ich mein Selbstbild mit der Macht meines Geistes. Weil ich es so will! Ich nehme mich an und liebe mich. So sei es!“ Visualisiere, wie sich dein Selbsthass dabei Stück für Stück auflöst.

Schließe die Augen und nimm dir genug Zeit, um zu spüren, wie der Zauber auf dein Unterbewusstsein einwirkt. Spüre, wie eine neue Liebe für dich im Herzen aufflammt. Dann lege den Spiegel mit der reflektierenden Seite nach oben in die Mitte der Utensilien. Nimm die gesalbte Kerze, entzünde sie und lasse etwas Wachs und damit symbolische Selbstliebe auf den Spiegel tropfen. Drücke sie darauf, sodass sie fest steht. Arrangiere die Steine deiner Wahl drumherum, ohne viel nachzudenken. Lasse instinktiv ein Muster entstehen. Visualisiere, wie das Kerzenlicht durch die Kristalle in den Spiegel fließt. Entzünde die Kerze immer wieder über die nächsten Tage und lasse dich bei ihrem Anblick von Selbstliebe erfüllen, bis sie heruntergebrannt ist.

SELBSTAUSDRUCK

Die Fähigkeit, Bedürfnisse, aber auch Grenzen klar auszudrücken, ist von größter Wichtigkeit für dein Wohlergehen. Viele Menschen haben damit jedoch Schwierigkeiten. Die falsche Annahme, dass deine Stimme nicht wichtig genug sei, um gehört zu werden, geht mit der Unfähigkeit einher, die Macht, die du über dein Leben besitzt, einzusetzen und dich ständig nach dem Willen anderer Menschen zu richten.

Dieser Zauber hilft dir, deine Stimme wiederzufinden und dich in der Welt zum Ausdruck zu bringen. Du bist einzigartig. Diese Einzigartigkeit hinauszutragen, ist deine größte Aufgabe und bereichert das Leben aller um dich herum. Ich rate dir jedoch, dieses Ritual erst nach einer längeren Phase der Beschäftigung mit dem Selbstwert und der Selbstliebe durchzuführen, sodass du genügend Energie aufbauen kannst, um sie hinauszuschicken.

Zum Einsatz kommen hauptsächlich Klänge, damit du spürst, welchen Einfluss du auf deine Umgebung besitzt. Der Zauber kann unabhängig von der Mondphase vollzogen werden.

Was du dafür brauchst:

- Pfefferminztee
- Sonnenwasser aus einer Trinkwasserflasche (siehe S. 25)
- 5 hellblaue Kerzen
- Eine kleine Glocke (oder Klangschale, Topf und Löffel o. Ä.)
- Musik deiner Wahl
- Räucherung mit klärenden Kräutern wie z. B. Kardamom, Minze, Salbei, Sandelholz

Optional:

- Steine für Klarheit wie z. B. Aquamarin, Bergkristall, blauer Achat, Coelestin, Türkis

Koche den Pfefferminztee mit dem Sonnenwasser. Dann arrangiere die hellblauen Kerzen und ggf. Steine deiner Wahl auf dem Boden in einem Kreis, der groß genug für dich und die übrigen Utensilien ist. Stelle die Musik deiner Wahl an, entzünde die Kerzen und die Räucherung und nimm davor in dem Kreis Platz. Komme zur Ruhe und befreie deine Gedanken vom Alltagsballast. Erde und zentriere dich. Wenn du dich bereit fühlst, nimm den Tee in die Hand. Trinke und gurgle ihn. Visualisiere, wie die Frische der Minze deine Kehle reinigt und öffnet. Stelle dir mit allen Sinnen vor, wie das Licht der Erdung und Zentrierung in deine Kehle fließt, sich dort in einer hellblauen Lichtkugel sammelt und in den Raum ausbreitet. Nimm dir Zeit für diese Visualisierung. Sie ist der Pfeiler, auf dem alles Nachfolgende gründet.

Jetzt nimm die Glocke, Klangschale oder ein anderes Instrument in die Hand und versetze es lautstark in Schwingung. Spüre, wie die Atmosphäre darauf reagiert, wie du das Universum auf deine Anwesenheit aufmerksam machst. Konzentriere dich nun auf den aufsteigenden Rauch. Das Element Luft ist stark mit Klängen verbunden, weil Schallwellen sich über die Luft ausbreiten. Nimm einen tiefen Atemzug und sammle dabei noch mehr Licht aus der Körpermitte in deiner Kehle, bevor du es mit einem langgezogenen Ton ausstößt. Das kann der indische Halschakra-Laut „HAM“ sein, oder du stimmst mit einem Ton in die Melodie der im Hintergrund spielenden Musik ein. Visualisiere, wie der Klang den Rauch erfüllt und mit ihm immer weiter anschwillt, bis er von den Wänden um dich herum widerhallt und die Luft zu vibrieren beginnt. Wiederhole das dreimal. Nimm dir Zeit, um zu erfühlen, wie sich die Atmosphäre verändert hat.

Lege die Hände auf dein Herz und spüre die Liebe zu dir, die Liebe zu der Person, die du in dieser Welt bist und sein darfst. Singe oder wiederhole den folgenden Zauberspruch. Projiziere dabei die Worte in den Rauch und visualisiere, wie er deine Intention ins Universum trägt:

„Stimme meines Wesens, Stimme meines Seins,
Klinge durch die Dimensionen
Des Universums, wir sind eins!
Wirke meine Worte,
Wirke meinen Willen,
Alles soll mich hören,
So soll es ab jetzt sein!“

Meditiere eine Weile weiter und dann schließe das Ritual.

Intuition stärken

Dieser Zauber hilft, deine Intuition und Hellsichtigkeit zu stärken. Du gibst dir mit ihm die Erlaubnis, hinter die Schleier zu blicken, die die physische Wirklichkeit von der Geistwelt trennen. Bevor du ihn durchführst, solltest du mit dir im Reinen sein und Schattenarbeit geleistet haben. Außerdem solltest du Übung im Erreichen einer tiefen Trance besitzen. Bist du nicht bereit für das, was sich dir dann eventuell zeigt – positive wie auch negative Energien – können sich Angstzustände einstellen, die aber mit Erdungsarbeit behebbar sind. Der Zauber sollte bei Vollmond durchgeführt werden.

Was du dafür brauchst:

- Ein dünnes schwarzes Tuch, das wie ein Schleier über den Kopf passt und die Augen verdeckt, z. B. aus einem alten Kleidungsstück
- Eine Schere
- Mondwasser aus einer Trinkwasserflasche (siehe S. 26)
- Deinen Hexenkelch oder ein Glas
- Steine, die die Intuition stärken wie z. B. Amethyst, Aquamarin, Bergkristall, Labradorit, Mondstein
- 7 lila Kerzen
- Räucherung mit bewusstseinserweiternden Kräutern wie z. B. Beifuß, echtes Eisenkraut, Kampfer, Lorbeer, Weihrauch
- Stift und Notizbuch

Optional:

- Einen aus den genannten Kräutern geflochtenen Kranz

Schneide das Tuch an einer Seite im 90-Grad-Winkel ca. fünf Zentimeter mit einer Schere ein. Der Einschnitt sollte, wenn das Tuch auf deinem Kopf liegt und dein Gesicht bedeckt, genau vor dir liegen, sodass du die beiden Stellen daneben gut greifen kannst. Dann fülle ein Gefäß mit Mondwasser und gib die Steine deiner Wahl hinein. Stelle es auf den Boden des Arbeitsplatzes. Du solltest in das Gefäß hineinblicken können. Wenn du dich in der Natur befindest, sollte sich der Mond im Wasser spiegeln. Drumherum platziere sieben lila Kerzen und zwischen sie ggf. intuitionsstärkende Kristalle. Davor stelle die Räucherung auf. Entzünde die Kerzen und die Räucherung.

Erde und zentriere dich und ziehe den magischen Kreis. Setze dich vor die Räucherung und das Gefäß und lege das Tuch über den Kopf. Komme erneut zur Ruhe und konzentriere dich auf deinen Atem. Nimm dabei den Duft der Räucherung aktiv wahr. Fühle, wie die Kraft der Kräuter in deine Stirn, in die Stelle zwischen die Augenbrauen zieht und sie weit öffnet. Lasse dir hierfür so viel Zeit wie möglich. Du solltest in einen tiefen Entspannungszustand sinken. Wenn du das Gefühl hast, der richtige Moment, die Schleier zu lüften, sei gekommen, fasse die beiden Stellen neben dem Einschnitt und sprich:

„Ich lüfte die Schleier zwischen den Welten,
Ich lüfte die Schleier, die noch in mir gelten.
Ich werde wissen, erkennen und sehen,
Über die Grenze des Unbekannten gehen."

Zerreiße das Tuch in zwei Teile und visualisiere, wie sich dein Geist vollständig öffnet. Setze ggf. den geflochtenen Kranz anstelle des Schleiers auf den Kopf. Richte den Blick jetzt auf das Gefäß. Spüre dich erneut in die Stelle zwischen die Augenbrauen hinein. Blicke in deiner Vorstellung durch das dritte Auge in die Wasserreflexionen. Sinke noch tiefer in Trance und nimm die geistige Energie des Mondes, des Wassers und der Steine wahr. Hebe das Gefäß mit beiden Händen und sprich hinein:

„Göttin des Mondes, der Erde und des Wassers,
Göttin des Sehens und des Wissens,
Schärfe meine Sicht.
Schenke mir Visionen aller Dimensionen,
Auf dass mein Blick wird gereinigt durch das Licht."

Hole die Steine heraus und trinke drei Schlucke. Visualisiere, wie die Energie des Wassers in dich übergeht. Dann hebe das Gefäß hoch und gieße etwas Wasser auf deinen Kopf. Visualisiere, wie er anfängt zu leuchten. Lasse die Wirkung sich entfalten. Sprich zum Schluss: „So sei es!"

Puste die Kerzen aus und öffne den Kreis. Falls du einen Kranz geflochten hast, kannst du ihn über deinem Bett aufhängen. Bewahre dort auch Notizbuch und Stift auf und beginne damit, deine Träume aufzuschreiben. Im Schlaf wirst du als Erstes Botschaften empfangen. Sie werden sich zunächst symbolisch zeigen und dann immer klarer werden.

Antwort auf eine dringende Frage erhalten

Dieser Zauber ist dem vorangegangenen Zauber „Intuition stärken“ ähnlich. Er bezieht sich aber auf konkrete Fragen, auf die man aus der Geistwelt eine Antwort erhalten möchte, ohne die Schleier vollständig zu lüften. Er sollte bei Vollmond ausgeführt werden.

Was du dafür brauchst:

- 7 lila Teelichter
- Eine Glasschale mit Mondwasser
- Räucherung mit bewusstseinserweiternden Kräutern wie z. B. Beifuß, Eisenkraut, Kampfer, Lorbeer, Weihrauch
- Steine, die die Intuition stärken wie z. B. Amethyst, Aquamarin, Bergkristall, Labradorit, Mondstein, Selenit
- Deinen Hexenkessel oder eine feuerfeste Schale
- Stift und Notizbuch

Optional:

- Beifußtee (nicht in der Schwangerschaft trinken!)
- Dein Athame oder Zauberstab

Stelle die sieben Teelichter unter den Rand der Glasschale mit dem Mondwasser und lege die Kristalle zwischen sie. Das Licht der Flammen in dem Wasser symbolisiert das Licht der Antwort. Dann schreibe deine Frage auf einen Zettel. Verbrenne den Zettel in deinem Hexenkessel oder einer feuerfesten Schale und sprich die Frage dabei laut aus. Visualisiere, wie du sie mit dem Feuer und dem Rauch ins Universum schickst. Jetzt gib die Asche in das Mondwasser. Rühre mit dem Finger deiner dominanten Hand, deinem Athame oder Zauberstab siebenmal im Uhrzeigersinn darin herum und sprich:

„Feuer und Mondlicht,
Bringt Antwort auf diese Frage,
Bringt das Wissen der Zukunft,
Schenkt Klarheit in meiner Lage.“

Gib etwas von dem Wasser auf die Stelle zwischen die Augenbrauen, deinem dritten Auge. Komme zur Ruhe und konzentriere dich für 21 Atemzüge lang auf den Atem. Zähle in Gedanken mit. Starre dabei in das Wasser und lasse dich von den Reflexionen und Bewegungen darin immer tiefer ziehen, bis dein Geist ganz klar wird. Nimm jeden Eindruck, jeden Gedanken, jedes innere Bild wahr. Schreibe alles auf. Du wirst Hinweise erhalten, wenn nicht sogar die ganze Antwort auf deine Frage. Bedanke dich zum Schluss und entsorge das Wasser.

KAPITEL 5
BERUF, ERFOLG UND GELD

Kommen wir zu dem Bereich im Leben, der durch Selbstliebe und Selbstfürsorge am schnellsten beeinflusst wird – persönlicher Erfolg. Wenn du lernst, dich zu lieben und wertzuschätzen, veränderst du dein Selbstbild dahingehend, dass du nur noch das Beste für dich willst. Diese innere Einstellung zeigt sich früher oder später in deiner Außenwelt. Die folgenden Zauber unterstützen dich dabei.

Besser lernen und verstehen

Wenn du dich in der Schule/Ausbildung/im Studium befindest oder im Beruf Neues erlernen musst, hilft dieser Zauber, deinen Geist zu öffnen und unterstützt dein Gedächtnis. Er sollte bei zunehmendem Mond oder bei Vollmond durchgeführt werden.

Was du dafür brauchst:

- Drei hellblaue Kerzen
- Öl mit Kräutern, die den Verstand und das Gedächtnis stimulieren wie z. B. Rosmarin, Salbei, Thymian, Zitronenmelisse
- Räucherung mit Kräutern, die den Verstand und das Gedächtnis stimulieren (siehe oben)
- Eine Orange
- Ein Schneidemesser

Optional:

- Steine, die den Verstand und das Gedächtnis stimulieren wie z. B. Amazonit, Bergkristall, Fluorit, Sodalith, Tigerauge

Stelle die drei Kerzen in einem Dreieck auf und platziere die Räucherung in die Mitte. Arrangiere die Steine ggf. drumherum. Dann entzünde die Kerzen und die Räucherung und komme zur Ruhe. Konzentriere dich auf die Intention, Gelerntes besser zu verstehen, in Erinnerung zu behalten und umzusetzen. Fahre mit beiden Händen in einer Linie, die ein Dreieck beschreibt, über die Kerzen und sprich dabei:

„Weisheit allen Raumes,
Wissen aller Zeiten,
Gesegnet sei der Zauber,
Soll meinen Geist ausweiten!"

Visualisiere, wie sich die Energien verbinden und das Dreieck anfängt zu leuchten. Die Orange steht für deinen Verstand. Salbe sie mit dem Kräuteröl deiner Wahl und visualisiere, wie deine Energie auf sie übergeht. Beginne die Schale mit einem Messer in einer Spirale abzuschneiden. Es ist nicht schlimm, wenn du es nicht einem Stück schaffst. Setze einfach neu an. Versuche, dich währenddessen zu entspannen. Spüre, wie du die Blockaden wegschneidest, sodass dein Geist frei für neue Informationen wird. Wenn du fertig bist, lege die Schale beiseite und halte das Fruchtfleisch in die Räucherung. Visualisiere, wie die rationale, bewegliche Energie des Luftelements deinen Geist erfüllt. Dann teile das Fruchtfleisch im Rauch in die einzelnen Segmente auf. Lege sie wie eine Sonne um die Räucherung. Sprich dabei:

„Im Geiste forme ich,
Im Geiste lerne ich.
Wie Tore sich öffnen,
Wie Quellen entspringen,
So öffnet mein Geist sich den höheren Dingen."

Bleibe eine Weile sitzen und visualisiere, wie dein Verstand sich durch die Kraft der Symbole vor dir immer weiter öffnet. Lasse sie auf dich wirken und sprich zum Abschluss: „So sei es!"

Die nächsten Tage kannst du die Kerzen hinunterbrennen lassen und den Zauberspruch in leichter Trance vor der Räucherung wiederholen.

MOTIVATION

Dieser Zauber erhöht die Energie und Leistungsfähigkeit, die man beispielsweise in ein stagnierendes Projekt stecken kann. Er sollte bei zunehmendem Mond oder bei Vollmond durchgeführt werden.

Was du dafür brauchst:

- Ingwer, frisch oder getrocknet
- Sonnenwasser aus einer Trinkwasserflasche (siehe S. 25)
- Fünf gelbe Kerzen
- Papier und Stift
- Getrocknete stärkende Kräuter wie z. B. Ingwer, Johanniskraut, Kardamom, Zitronenschalen
- Deinen Hexenkessel oder eine feuerfeste Schale
- Öl mit Kräutern für Energie (siehe oben)

Optional:

- Räucherung mit stärkenden Kräutern (siehe oben)
- Steine für Energie wie z. B. Bergkristall, Citrin, Feuerachat, Karneol, Tigerauge

Koche den Ingwertee mit Sonnenwasser und führe, wenn du möchtest, den Zauber „Innere Kraft" durch. Dann arrangiere die Kerzen an die gedachten Spitzen eines ca. 30 bis 40 cm großen Pentagramms und lege ggf. die Steine deiner Wahl zwischen sie. Der Hexenkessel oder die feuerfeste Schale sollte in die Mitte gestellt werden. Entzünde die Kerzen und ggf. die Räucherung. Dann komme zur Ruhe und konzentriere dich auf deine Intention. Schreibe auf, wofür du Motivation brauchst, oder zeichne eine Sigille, die für dein Projekt steht. Visualisiere, wie der Zettel zu dem Projekt selbst wird. Dann nimm die getrockneten Kräuter deiner Wahl und lege sie darauf. Falte den Zettel dreimal. Trinke etwas von dem Tee und spüre, wie er die Energie im Solarplexus, der Stelle direkt unter den beiden Rippenbögen, entfacht. Nimm etwas von dem Zitronenöl und salbe den Solarplexus und beide Hände. Dann fahre mit den Händen in einer Linie, die ein Pentagramm beschreibt, über die Kerzen und spüre, wie die Kraft des Feuers und ggf. der Steine in dich übergeht. Lege deine Hände auf den Solarplexus und lasse das Feuer in dir immer stärker werden. Wenn du das Gefühl hast, in Flammen zu stehen, nimm den gefalteten Zettel und spüre, wie du das Projekt mit deiner Energie in Gang setzt. Entzünde ihn an einer Flamme und gib ihn in den Hexenkessel oder die feuerfeste Schale. Während er brennt, sprich:

„In mir brennt die Feuermacht,
In mir brennt die Leidenschaft,
Bringt meinen Willen in Bewegung,
so sei es nun, ich bin erwacht!“

Spüre die Wirkung und meditiere eine Weile. Dann schließe das Ritual.

Kreativität

Nicht immer fließt die Kreativität so, wie sie sollte. Vor allem, wenn du in der Schule, im Studium oder beruflich künstlerisch tätig bist, kann eine Blockade zum Problem werden. Dieser Zauber hilft, diese Blockaden zu lösen. Er sollte bei zunehmendem Mond oder bei Vollmond durchgeführt werden.

Was du dafür brauchst:

- Eine Schale
- Drei deiner Haare mit Haarwurzel
- Ein Ei
- Kreativität unterstützende Kräuter wie z. B. Apfel, Flieder, Patchouli, Pfefferminze, Zitronenmelisse
- Erde
- Deinen Hexenkelch oder ein Glas mit Mondwasser
- Dein Athame oder ein Messer

Optional:

- Räucherung mit Kreativität unterstützenden Kräutern (siehe oben)
- Steine für Kreativität wie z. B. Bergkristall, Fluorit, grüner Turmalin, Moosachat, Tigerauge, Türkis

Stelle die leere Schale und die restlichen Zutaten bereit. Dann wickle drei deiner Haare um das Ei. Sie symbolisieren deine Gedanken und deinen Geist. Das Ei ist ein Jahrtausende altes Symbol für Fruchtbarkeit und damit Kreativität. Visualisiere die Eierschale als deine Blockade und den Inhalt als deine Schaffenskraft, die von deinen Gedanken getrennt ist. Sprich:

„Alles, was meine Kreativität hindert,
Alles, was sie zurückhält,
Soll brechen und schwinden,
Bis sie fließt in die Welt!"

Dann schlag das Ei auf und gib den Inhalt mit den Haaren in die Schale. Lege die Eierschale beiseite. Gib die Kräuter deiner Wahl ebenfalls in die Schale und visualisiere, wie sich ihre Wirkung ausbreitet. Bedecke alles mit fruchtbarer Erde. Jetzt senke das Athame/Messer mit beiden Händen konzentriert in den Hexenkelch oder das Glas mit dem Mondwasser. Visualisiere die Verschmelzung des männlichen mit dem weiblichen Prinzips und die göttliche, fruchtbare Energie, die sich in dem Moment im Kelch manifestiert. Lege das Athame oder Messer beiseite und halte den Kelch in die Höhe. Bedanke dich für die Kraft des Universums. Dann gib das Wasser auf die Erde und sprich:

„Im ewigen Schaffen,
Im ewigen Kreis,
Beschwöre ich die Kraft der Erde.
Wachse in mir,
Reife, bringe Frucht,
Auf dass Geist Materie werde.“

Drücke die drei grünen Kerzen in einem Dreieck in die Erde und arrangiere ggf. die Steine deiner Wahl mit den Spitzen nach oben drumherum. Entzünde die Kerzen und visualisiere, wie sich deine geballte fruchtbare Kraft mit der Kraft der Erde und des Universums verbindet, von den Steinen verstärkt wird und durch das Licht der Kerzen in dich hineinscheint. Sprich zum Abschluss: „So sei es!“

Wiederhole diese Meditation und Visualisierung in den folgenden Tagen, bis die Kerzen niedergebrannt sind.

Eine Arbeitsstelle finden

Dieser Zauber hilft dir, einen neuen Job zu finden, der zu dir passt und eine größere finanzielle Absicherung verspricht. Er sollte bei zunehmendem Mond durchgeführt werden.

Was du dafür brauchst:

- Eine gelbe Kerze
- Eine grüne Kerze
- Eine Kerze in deiner Lieblingsfarbe
- Etwas zum Einritzen wie z. B. eine Nadel
- Drei Fingernagelkuppen von deiner dominanten Hand
- Eine Ein-Euro-Münze
- Den Namen einer Jobagentur/Onlineplattform oder – wenn du weißt, wo du arbeiten möchtest – den Namen der Firma auf einen Zettel geschrieben/das ausgedruckte Logo/eine Visitenkarte o. Ä.
- Öl mit Kräutern für Erfolg wie z. B. Basilikum, Ingwer, Muskatnuss, Zimt, Zitrusschalen

Optional:

- Räucherung mit Kräutern für Erfolg (siehe oben)
- Steine für Erfolg wie z. B. Aventurin, Bergkristall, Bernstein, Citrin, Moosachat, Peridot, Tigerauge

Ritze in die Kerze in deiner Lieblingsfarbe deinen Namen und salbe sie und die beiden anderen Kerzen von oben nach unten mit dem Kräuteröl deiner Wahl. Stelle die gelbe Kerze in die Mitte deines Arbeitsplatzes auf den Zettel der Jobagentur/Firma. Stelle die grüne Kerze rechts davon auf die Münze. Die Kerze mit deinem Namen stelle links auf deine Fingernagelkuppen. Sie symbolisieren als Teil deiner Hand deine Produktivität. Arrangiere ggf. die Kristalle drumherum und entzünde die Räucherung.

Komme zur Ruhe. Denke über deine Talente, Gaben und positiven Fähigkeiten nach und darüber, wie du diese in einem neuen Job einsetzen könntest. Visualisiere, wie du zur Arbeit gehst. Dann entzünde die Kerze, die dich repräsentiert. Sprich dabei:

„Ich bitte um Veränderung, so soll es sein.
Mein Weg sei geöffnet und meine Sicht sei frei."

Visualisiere die Bedeutung deiner Worte in der Kerzenflamme. Jetzt zünde die grüne Kerze an, die Wohlstand repräsentiert. Sprich:

„Glück und Wohlstand rufe ich,
Geldfluss, komm, und sorg für mich."

Visualisiere, wie aus der Flamme finanzielle Fülle zu dir fließt. Zum Schluss zünde die gelbe Kerze an, die den Job darstellt, den du dir wünschst. Sprich:

„Gelegenheit, Arbeit, du bist mein.
So sage ich es und so soll es sein!"

Visualisiere in der Flamme, wie du z. B. einen Arbeitsvertrag unterzeichnest. Lass die Kerzen eine Weile brennen, während du meditierst und weiter visualisierst. Wiederhole den Zauber jeden Tag, bis die Kerzen niedergebrannt sind.

Ein Vorstellungsgespräch segnen

Der folgende Zauber hilft, bei einem Vorstellungsgespräch zu glänzen. Er stärkt das Selbstbewusstsein und verleiht eine erfolgreiche Aura. Der Zauber sollte in der Nacht vor dem Interview ausgeführt werden.

Was du dafür brauchst:

- Gelbe Kerzen
- Sonnenwasser
- Einen Topf
- Kräuter für Erfolg wie z. B. Basilikum, Ingwer, Muskatnuss, Zimt, Zitrusschalen

Optional:

- Räucherung mit Kräutern für Erfolg (siehe oben)
- Steine für Erfolg wie z. B. Aventurin, Bergkristall, Bernstein, Citrin, Moosachat, Peridot, Tigerauge

Lass dir ein Bad ein. Wenn du keine Badewanne hast, ist das nicht weiter schlimm. Die Alternative wird zum Schluss erklärt. In der Zeit, in der das Wasser einläuft, stelle Kerzen und ggf. die Räucherung und Steine an deinen Herd. Komme zur Ruhe. Koche das Sonnenwasser in einem Topf. Dann gib die Kräuter deiner Wahl langsam hinein. Erspüre dabei ihre individuelle Energie, ihren Geist des Glücks, Erfolgs und des Selbstbewusstseins. Halte deine dominante Hand, dein Athame oder deinen Zauberstab über das heiße Wasser und sprich:

„Vertrauen und Erfolg,
So soll es sein,
Vertrauen und Erfolg
Fließen in den Topf hinein!"

Visualisiere, wie die Bedeutung deiner Worte in den Topf fließt. Dann schalte den Herd ab. Lass das Wasser abkühlen, während du im Uhrzeigersinn darin umherrührst und dich bei dem Anblick in Trance ziehen lässt. Visualisiere im Wasser, wie du im Vorstellungsgespräch Selbstsicherheit und Erfolg ausstrahlst. Dann trage den Topf ins Badezimmer und gib das Wasser in die Badewanne. Du kannst auch die Kerzen, Steine und die Räucherung dazuholen. Nimm ein Bad, entspanne dich. Lass alle Sorgen los. Benutze nach dem Bad kein Handtuch, sondern trockne deinen Körper an der Luft. Du solltest dich bis nach dem Vorstellungsgespräch nicht waschen. Wenn du keine Badewanne hast, reibe dein Gesicht und deinen Körper mit dem Kräuterwasser ein und lass dich ebenfalls an der Luft trocknen. Visualisiere, wie der Zauber in dich einzieht.

Erfolg im Beruf

Es ist nicht einfach, die Karriereleiter hinaufzuklettern, und es hat auch nicht immer etwas damit zu tun, wie gut oder wie viel man arbeitet. Wenn du dich übergangen fühlst und du endlich den langersehnten Erfolg in deinem Beruf herbeirufen willst, ist dieser Zauber genau richtig. Er ist aus dem Hoodoo abgewandelt und von dominanterer Art, weswegen du dir sicher sein solltest, dass du den Erfolg tatsächlich verdienst. Der Zauber sollte bei Vollmond gewirkt werden.

Was du dafür brauchst:

- Eine gelbe Kerze
- Etwas zum Einritzen wie z. B. eine Nadel
- Stift und Papier
- Getrocknete und zerkleinerte Kräuter für Erfolg wie z. B. Basilikum, Ingwer, Muskatnuss, Zimt, Zitrusschalen
- Öl mit Kräutern für Erfolg (siehe oben)
- Einen Bindfaden

Optional:

- Räucherung mit Kräutern für Erfolg (siehe oben)
- Steine für Erfolg wie z. B. Aventurin, Bergkristall, Bernstein, Citrin, Moosachat, Peridot, Tigerauge

Ritze deinen Vor- und Nachnamen und eine Sigille, die für dich Erfolg darstellt, in die Kerze. Salbe sie von oben nach unten mit dem Öl. Stelle alle Utensilien bereit und entzünde die Kerze und ggf. die Räucherung. Komme zur Ruhe und konzentriere dich auf deine Intention. Lasse dich von ihr erfüllen. Visualisiere, wie du zum Beispiel eine Beförderung erhältst und den nächsten Arbeitsvertrag unterzeichnest. Nimm Stift und Papier und schreibe neunmal den Namen deiner Firma untereinander. Drehe das Blatt um 90 Grad und schreibe neunmal quer über den Firmennamen deinen Vor- und Nachnamen. Jetzt wird es etwas kompliziert. Schreibe deine Intention in einen Kreis, ohne den Stift vom Papier zu nehmen, drumherum. Das können ein oder zwei Worte sein, wie „Durchbruch und Erfolg", „Beförderung und finanzieller Segen" oder ein ganzer Satz. Achte darauf, den Kreis zu schließen. Es macht nichts, wenn du mitten im Wort oder im Satz den ersten Buchstaben wieder erreichst. Jetzt nimm nacheinander die zerkleinerten Kräuter deiner Wahl in die Hand. Rieche an ihnen und lasse ihr Wesen auf dich wirken. Dann gib sie auf das Papier und visualisiere, wie ihre Kraft auf deine Intention übergeht. Nimm die Kerze und lasse das Wachs über das gesamte Blatt und die Kräuter tropfen. Sprich dabei:

„Ich verdiene Erfolg und Segen,
Erfolg und Segen,
Erfolg und Segen,
Kommt und führt mich auf meinen beruflichen Wegen!"

Falte das Blatt dreimal. Dann gib warmes Wachs auf die Vorder- und Rückseite und streue die getrockneten Kräuter darauf. Lass alles erkalten und salbe den gefalteten Brief mit dem Öl. Halte ihn ggf. in die Räucherung und visualisiere, wie die Bedeutung des Zettels und aller Zutaten durch das Öl und den Rauch zusätzlich aktiviert wird und anfängt, golden zu leuchten. Jetzt wickle einen Faden um den gefalteten Zettel. Es sollte eine Art Geschenkpäckchen entstehen. Binde eine Schleife und sprich dabei: „So sei es".

Hänge das Päckchen über die Zimmertür, sodass du jeden Tag vor der Arbeit darunter hindurchgehst, oder trage es in einer Tasche bei dir.

Erfolg für ein Projekt

Hast du ein Herzensprojekt und möchtest, dass es wächst und gedeiht, kann dir dieser Zauber helfen, es mit Erfolg zu segnen. Er sollte bei Neumond, der Zeit der Aussaat, durchgeführt werden.

Was du dafür brauchst:

- Eine junge Topfpflanze, z. B. eine Sukkulente
- Etwas, das dein Projekt symbolisiert, z. B. ein Logo, ein Objekt oder der Name auf einen Zettel geschrieben
- Sonnenwasser
- 5 grüne Kerzen
- Etwas zum Einritzen wie z. B. eine Nadel
- Öl mit Kräutern für Erfolg wie z. B. Basilikum, Ingwer, Muskatnuss, Zimt, Zitrusschalen

Optional:

- Etwas Menstruationsblut
- Räucherung mit Kräutern für Erfolg (siehe oben)
- Steine für Erfolg wie z. B. Aventurin, Bergkristall, Bernstein, Citrin, Moosachat, Peridot, Tigerauge
- Dein Athame oder Zauberstab

Ritze Worte oder Sigillen in die Kerzen, mit denen du dein Projekt segnen möchtest, z. B. „Erfolg“, „Schutz“, „Anerkennung“, „Geld“, „Wachstum“ etc. Salbe sie von oben nach unten mit Öl und aktiviere sie, indem du dir vorstellst, dass sie anfangen zu leuchten. Stelle sie an den Spitzen eines gedachten Pentagramms auf. Wenn du Steine verwendest, lege sie an die Kerzen oder in einen Kreis um sie herum. Entzünde die Kerzen und ggf. die Räucherung.

Dann nimm das Symbol, das dein Projekt repräsentiert, in beide Hände, schließe die Augen und sprich: „Ich segne mein Projekt [Name] mit Erfolg und Kraft!“

Halte es ggf. in die Räucherung und lasse den Segen der Kräuter mit dem Rauch hineinfließen. Dann ziehe die Pflanze mit der Erde aus dem Topf und lege das Symbol hinein. Drücke die Pflanze und die Erde fest darauf und platziere sie in die Mitte der Kerzen.

Gib Sonnenwasser und ggf. Menstruationsblut auf die Erde und sprich: „Macht des Lichts, Macht des Wassers, [Macht meines Blutes,] bringt Wachstum und Segen!”

Visualisiere, wie die Erde, das Wasser, das Feuer der Sonne und ggf. die Kraft des Blutes zusammenkommen und das Projekt zum Wachsen bringen. Ziehe mit deiner dominanten Hand, deinem Athame oder Zauberstab über den Kerzen ein Pentagramm und sprich: “So sei es!”

Entzünde die Kerzen immer wieder bis zum nächsten Vollmond und visualisiere, wie ihre Kraft in den Topf scheint und das Projekt weiter zum Wachsen bringt.

Geld anziehen

Geld ist ein unschönes Thema, über das die meisten lieber schweigen und doch war sicherlich jede/r schon mal in einer Situation, in der das Geld nicht ausgereicht hat.

Dieser Zauber wird dich nicht im Lotto gewinnen lassen. Er ist für Engpässe gedacht und wird dir aus unerwarteter Quelle eine Aufbesserung der Finanzen verschaffen. Um langfristig finanziell abgesichert zu sein, eignen sich andere Zauber besser, wie z. B. „Urvertrauen“, „Für einen neuen Arbeitsplatz“ und „Erfolg für ein Projekt“. Wie viel du verdienst, hängt von deiner inneren Einstellung zum Geld ab. Wenn du also immer wieder finanzielle Schwierigkeiten hast, lohnt es sich, die unterbewussten Wurzeln und Glaubenssätze durch Meditationen näher zu beleuchten und an ihnen zu arbeiten.

Wenn du aber kurzfristig eine begrenzte Menge Geld benötigst, ist dieser Zauber genau richtig für dich. In der Anleitung sind besonders viele Zutaten aufgelistet, um Überfluss zu symbolisieren. Jedoch ist es nicht zwingend notwendig, jede einzelne Zutat zu verwenden. Folge deiner Intuition. Der Zauber sollte bei zunehmendem Mond oder bei Vollmond durchgeführt werden.

Was du dafür brauchst:

- Ein Einmach- oder Schraubglas
- Eine grüne oder goldene Kerze

- Etwas zum Einritzen wie z. B. eine Nadel
- Öl mit Kräutern für Geld wie z. B. Basilikum, Ingwer, Muskatnuss, Zimt
- Zehn Fingernagelkuppen, von jedem Finger eine
- Münzen von 1 Cent, 2 Cent, 5 Cent, 10 Cent, 20 Cent, 50 Cent und 1 Euro
- 9 Kürbiskerne
- 9 Haselnüsse
- 3 Zweige Basilikum
- Ingwerpulver
- Muskatnusspulver
- Tarotkarten (als Ausdruck) für Erfolg und Geld wie z. B. „Der Stern", „Das Ass der Münzen", „Neun Münzen", „Zehn Münzen"
- Steine, die den Geldfluss verbessern wie z. B. Bergkristall, Citrin, Pyrit, Tigerauge
- Räucherung mit Kräutern für Geld (siehe oben)

Ritze ein Euro-Zeichen in die Kerze und salbe sie von oben nach unten mit dem Kräuteröl deiner Wahl. Visualisiere, wie du sie damit aktivierst. Dann entzünde die Kerze und die Räucherung. Komme zur Ruhe. Konzentriere dich auf die Intention, mehr Geld in dein Leben zu rufen. Visualisiere, wie es von allen Seiten als goldener Strom zu dir fließt. Nimm das leere Glas und halte es über die Räucherung. Spüre, wie das Glas von dem Geldstrom erfüllt wird. Dann gib deine zehn Fingernagelkuppen hinein. Sie stehen dafür, dass du mit offenen Händen finanziellen Segen empfangen wirst. Während du die Münzen auf sie fallen lässt, sodass es klimpert, sprich:

„Ich rufe den Reichtum,
Ich rufe das Geld.
Kommt, seid mir zu Diensten, so wie's mir gefällt,
So wie's mir gefällt,
Kommt schnell und in Massen,
Wie ein Apfel, der fällt,
Kommt füllt meine Kassen."

Jetzt erfühle nacheinander das gewinnbringende Wesen und den überfließenden Geist der Kräuter und Nüsse deiner Wahl. Halte sie in die Räucherung und visualisiere, wie ihre Wirkkraft dadurch verstärkt wird. Gib sie konzentriert in das Glas. Danach nimm die Tarotkarte(n) deiner Wahl in die Hand und lasse ihre Symbolkraft auf dich wirken. Halte auch sie zur Aktivierung in die Räucherung und lege sie dann in das Glas. Als Letztes gib die Steine deiner Wahl hinein. Dann verschließe das Glas gut. Schüttele es und sprich:

„Kupfer, Silber, Gold,
Mächte, seid mir hold.
Geld fließt in mein Leben hinein,
So sei es, so soll es sein!"

Visualisiere, wie sich die Wirkkraft der Zutaten verbindet und durch die Fingernägel auf dich überträgt. Gib flüssiges Wachs der Kerze auf den Deckel. Drück sie darauf, sodass sie durch das erkaltende Wachs befestigt wird. Meditiere eine Weile vor ihr. Brenne sie in den nächsten Tagen ab und schüttele die Flasche regelmäßig, um den Zauber weiter zu verstärken.

Kapitel 6
Liebe und Partnerschaft

Das Thema Liebe ist in der Magie umstritten. In den Selbstliebe- und Erfolgsritualen ist man zum größten Teil selbst das Zielobjekt, oder aber es ist ein abstrakter Wert wie Geld oder Erfolg. Ein Liebeszauber zielt jedoch auf die magische Beeinflussung einer anderen Person ab. Und hier liegt das Problem. Liebe und Manipulation bzw. Zwang schließen sich gegenseitig aus. Deswegen ist es nicht möglich, eine Person mithilfe von Magie dazu zu bringen, Liebe zu empfinden, die sie sonst nicht für dich empfinden würde. Versuchst du es doch, passiert im besten Fall nichts. Im schlimmsten Fall aber imitiert der Zauber Verliebtheit mit gedanklicher Besessenheit in der Zielperson, die bis ins Stalking ausarten kann. Und das hat rein gar nichts mit echten Gefühlen zu tun.

Ich habe daher auf diese Art von Liebeszauber verzichtet. Im Folgenden findest du Rituale, die entweder einen Ruf ins Universum darstellen, dem eine andere Person aus freien Stücken folgen kann, oder die die Atmosphäre zwischen zwei Personen positiv beeinflussen, sodass Nähe, Versöhnung und eine Intensivierung der Gefühle möglich wird.

Es sei an dieser Stelle gesagt, dass die Zauber nichtsdestotrotz bis zu einem gewissen Maß eine Einflussnahme darstellen. Du solltest also wenn möglich das Einverständnis der Zielperson einholen oder dir sicher sein, dass der Zauber nicht gegen seinen/ihren Willen verstößt.

Neue Bekanntschaften

Dieser Zauber eignet sich dafür, neue romantische Bekanntschaften zu machen, wenn du nicht unbedingt auf der Suche nach der einen großen Liebe bist, sondern dich ausprobieren und neue Erfahrungen sammeln möchtest. Er wird in einer Vollmondnacht in der Natur um einen Apfelbaum ausgeführt. Solltest du nicht zufällig einen Apfelbaum in der Nähe haben, um den du ungestört Liebeszauberei ausüben kannst, breche dir den Zweig eines Apfelbaumes ab, nachdem du ihn um Erlaubnis gebeten und ihm Opfergaben dargebracht hast. Stelle ihn in eine mit Wasser gefüllte Vase. Um ihn herum solltest du genügend Platz zum Tanzen haben.

Was du noch dafür brauchst:

- Rosa/rote/weiße Kerzen
- Rhythmische Musik
- Ein mindestens zwei Meter langes rosa/rotes/weißes Band
- Öl mit Kräutern für Romantik wie z. B. Apfel, Ingwer, Jasmin, Kardamom, Lavendel, Rose, Sandelholz, Vanille, Zimt

Optional:

- Räucherung mit Kräutern für Romantik (siehe oben)
- Steine für Romantik wie z. B. Bergkristall, Fluorit, rosa Turmalin, Rosenquarz, Rhodochrosit

Ritze deinen Wunsch mit Worten oder Sigillen in die Kerzen und salbe sie von oben nach unten mit dem Kräuteröl deiner Wahl. Dann platziere die Kerzen und ggf. Steine um den Stamm des Apfelbaums oder um die Vase mit dem Apfelzweig und entzünde ggf. die Räucherung. Falls du in der Natur arbeitest, ist es ratsam, Windlichter zu benutzen. Stelle die Musik an und salbe deine nicht dominante Hand mit dem Kräuteröl. Sie lädt ein, statt auszusenden – in diesem Fall neue Bekanntschaften. Jetzt beginne um den Apfelbaum oder -zweig zu tanzen. Wenn du nicht weißt, wie, drehe dich langsam im Uhrzeigersinn um ihn herum. Konzentriere dich auf sein Wesen und seine Ausstrahlung. Spüre die Sinnlichkeit und Romantik, die er ausstrahlt, und nimm sie in dich auf. Dann visualisiere Lichtverbindungen, die von ihm ausgehen wie Strahlen. Während du tanzt, greife mit deiner gesalbten Hand nach ihnen und ziehe sie zu dir. Flüstere dabei:

„Apfelbaum, Baum der Erde,
Segne mich mit deinem Wesen,
Bring mir Liebe, bring mir Männer/Frauen,
Sodass ich begehrt sein werde.“

Tanze und flüstere immer weiter, bis sich genügend Energie aufgebaut hat. Dann nimm das Band und knote es an einem Ende um den Baum oder den Zweig. Gehe mit dem Band in deiner gesalbten Hand langsam um den Apfelbaum/-zweig und sprich:

„Kräfte der Liebe, kommt herbei!
Führt zusammen der Seelen zwei.
Möglichkeiten zuhauf schenkt,
Und die Wege des Schicksals lenkt.
Ohne Zwang und ohne Schaden,
So werde ich es erwarten.
So sei es, ich sei beschenkt!“

Binde das Band um den Stamm, bis nur noch ein kurzes Stück übrig ist. Knote es fest und lasse den Knoten so lange drin, bis du den Zauber auflösen möchtest.

Das wahre Wesen einer Person erkennen

Manchmal ist man sich nicht sicher, ob eine Person es gut mit einem meint oder ob sie einem etwas vorspielt. Dieser Zauber hilft dir dabei, das Wesen einer Person klar zu erkennen und jegliche Illusionen aufzulösen, sodass du eine bessere Entscheidung darüber treffen kannst, ob du mehr Zeit und Energie in die Freundschaft oder Beziehung investieren solltest. Der Zauber sollte an Vollmond durchgeführt werden.

Was du dafür brauchst:

- Eine Glasschale mit Mondwasser
- Einen Spiegel
- 7 weiße Teelichter
- Ein Foto oder einen Zettel mit dem Namen der Person. Auf die Rückseite kann eine konkrete Frage geschrieben werden.
- Reinigende Kräuter wie z. B. Lorbeer, Rosmarin, Salbei, Wacholder
- Einen Bergkristall

Optional:

- Räucherung mit reinigenden Kräutern (siehe oben)
- Dein Athame oder Zauberstab

Stelle die Schale mit dem Mondwasser auf einen Spiegel, wenn möglich in das Mondlicht. Der Spiegel soll das wahre Wesen der Person in das Wasser zurückreflektieren, sodass dir nichts entgeht. Arrangiere die sieben weißen Teelichter um die Schale. Entzünde sie und ggf. die Räucherung. Komme zur Ruhe. Erde und zentriere dich. Konzentriere dich auf die Intention, das wahre Wesen der Person zu erkennen und alle Illusionen loszulassen. Dann lege das Foto oder den Zettel mit dem Namen der Person und ggf. der konkreten Frage in das Wasser. Platziere einen Bergkristall darauf. Versenke dich in die Reflexion der Flammen und des Mondlichts und visualisiere, wie sich alle Illusionen, die du über die Person hattest, aus dem Papier in das Wasser auflösen. Benutze deinen dominanten Zeigefinger, dein Athame oder Zauberstab, um im Wasser gegen den Uhrzeigersinn zu rühren. Währenddessen sprich:

„Illusionen und Lügen,
Die Masken, sie fallen,
Die Wahrheit wird siegen,
So soll es sein!“

Visualisiere, wie die Bedeutung des Spruches das Wasser und den Bergkristall mit weißem Licht erfüllt. Wiederhole den Spruch, bis du das Gefühl hast, genügend Energie generiert zu haben. Dann reibe deine Augen mit dem Wasser ein. Visualisiere, wie du den Schleier der Illusion von ihnen wäschst. Lösche die Kerzen und nimm den Bergkristall heraus. Lege ihn unter dein Kissen und trage ihn bei dir, wenn du die Person triffst. Die Schale kannst du über Nacht im Mondlicht stehen lassen. Die Wahrheit wird entweder in Träumen zu dir kommen oder sich in den Interaktionen mit der Person von selbst zeigen.

Jemanden auf sich aufmerksam machen

Wenn du zu schüchtern bist oder andere Umstände verhindern, dass dein Schwarm dich bemerkt, kann dieser Zauber helfen, seine Aufmerksamkeit zu erregen. Er wirkt energetisch genauso, wie wenn man jemandem auf die Schulter tippt, und löst keine Gefühle aus, die der- oder diejenige nicht auf natürlichem Wege entwickeln würde. Der Zauber sollte bei Vollmond durchgeführt werden.

Was du dafür brauchst:

- Zwei rosa Kerzen
- Öl mit Kräutern für Romantik wie z. B. Apfel, Jasmin, Kardamom, Lavendel, Rose, Sandelholz, Vanille, Zimt
- Gemahlenen rosa Pfeffer
- Ein Bild von deinem Schwarm
- Ein Bild von dir
- Einen Apfel
- Ein Messer
- Honig oder Sirup z. B. aus Früchten, Ahornsaft, Agavendicksaft etc.
- Zimtpulver
- Ingwerpulver

Optional:

- Zahnstocher
- Räucherung mit Kräutern für Romantik (siehe oben)
- Steine für Romantik wie z. B. Bergkristall, Fluorit, rosa Turmalin, Rosenquarz, Rhodochrosit

Salbe die Kerzen von oben nach unten mit dem Kräuteröl deiner Wahl und rolle sie durch den gemahlenen rosa Pfeffer. Er fungiert durch seine Schärfe als magischer Wirkbeschleuniger. Stelle sie ca. eine Kerzenlänge voneinander entfernt auf. Entzünde sie und ggf. die Räucherung. Dann zerteile den Apfel quer in der Mitte, nicht durch den Stängel. Die Kerne bilden kleine Pentagramme, die den Zauber zusätzlich aufladen. Gib Honig oder Sirup auf die Oberflächen. Er sorgt für eine „süße“ Atmosphäre der Zuneigung. Reibe eine Hälfte mit dem Ingwerpulver, die andere Hälfte mit dem Zimtpulver ein. Da Ingwer durch seine Schärfe aktiver ist und du die Aktivität deines Schwarms anregen willst, klebe das Foto von ihm oder ihr auf diese Hälfte. Zimt ist warm, verführerisch und erfolgreich in der Liebe, und in diesem Licht wirst du deinem Schwarm erscheinen, wenn du dein Bild auf die andere Apfelhälfte klebst. Jetzt steht es dir frei, die beiden Hälften entweder mit Zahnstochern wieder zu verbinden oder – wem die Symbolhaftigkeit zu viel Zwang vermittelt – sie einfach gegenüber an die Kerzen zu lehnen, sodass ihr euch „anschaut”. In diesem Fall kannst du aus den genannten Kräutern einen Weg zwischen euch legen, um den Weg für eine Annäherung zu bahnen. Schließe jetzt die Augen und visualisiere, wie du nach deinem Schwarm rufst und er oder sie sich zu dir umdreht. Sprich dabei:

> "[Name], in Freiheit und Freundschaft rufe ich dich.
> Hör mich und komme zu mir ins Licht.
> Ohne Zwang und ohne Schaden,
> So will ich auf dich warten."

Visualisiere im Schein der Kerzen weiter, wie dein Schwarm auf dich aufmerksam wird. Sprich zum Schluss: „So sei es!"

Lass die Kerzen neben den Apfelhälften in den nächsten Tagen hinunterbrennen.

Eine grosse Liebe anziehen

Dieser Zauber ist eine Verkündigung an das Universum, dass du bereit für eine große Liebe bist – wenn du es denn bist. Hast du genug Liebe für dich, sodass du es zulassen kannst, von jemandem geliebt zu werden? Welche destruktiven Verhaltensmuster besitzt du, die du ändern solltest? Bist du seelisch so gesund, dass du eine Beziehung nicht unterbewusst sabotieren wirst? Der Zauber sollte ganz bewusst nach einer Zeit der seelischen Heilung bei Vollmond angewendet werden.

Was du dafür brauchst:

- Eine weiße Kegelkerze
- Eine rosa Kegelkerze
- Etwas zum Einritzen wie z. B. eine Nadel
- Rosenblätter
- Eine kleine Glocke oder etwas anderes, das klingt (z. B. eine Klangschale, Löffel und Glas etc.)
- Öl mit Kräutern für Liebe wie z. B. Apfel, Ingwer, Jasmin, Kardamom, Lavendel, Rose, Sandelholz, Vanille, Zimt
- Räucherung mit Kräutern für Liebe (siehe oben)

Optional:

- Steine für Liebe wie z. B. Bergkristall, Fluorit, rosa Turmalin, Rosenquarz, Rhodochrosit
- Dein Athame oder Zauberstab

Streue einen kleinen Kreis aus Rosenblättern auf die Arbeitsfläche und stelle ggf. die Steine deiner Wahl darauf auf. Dann ritze deinen Namen in die weiße Kerze und salbe sie mit dem Kräuteröl deiner Wahl von oben nach unten. Visualisiere, wie du etwas von deiner individuellen Energie auf sie überträgst. Danach ritze das Wort „Liebe“ oder eine Sigille, die für dich Liebe symbolisiert, in die rosa Kerze. Salbe sie ebenfalls von oben nach unten mit dem Kräuteröl deiner Wahl. Visualisiere Liebe, die du auf die Kerze überträgst. Stelle die Kerzen so dicht nebeneinander wie möglich. Ihr Wachs soll sich beim Herabrinnen verbinden. Entzünde die Kerzen und die Räucherung. Komme zur Ruhe und konzentriere dich auf die Intention. Jetzt nimm die Glocke oder ein anderes klingendes Instrument in deine dominante Hand. Läute dreimal. Visualisiere, wie die Schallwellen die Person, die für dich bestimmt ist, durch die Dimensionen erreichen und zu dir rufen. Lege das Instrument weg und ziehe mit deiner nicht-dominanten, empfangenden Hand, deinem Athame oder Zauberstab in der Luft eine Spirale um die Kerzen. Sie sollte weit außen beginnen und den Kerzen dann immer näherkommen, bis du die sie berührst. Nimm das Ziehen wörtlich. Visualisiere und fühle die ziehende Energie. Sprich dabei:

„Ich rufe die Liebe in mein Leben!
Ich rufe die Person, die Liebe wird geben,
Empfangen und teilen,
Wir werden uns heilen,
Und gemeinsam zur Einheit streben.“

Salbe dein Herz mit dem Kräuteröl deiner Wahl und stelle die Räucherung vor dich. Sprich in den Rauch hinein:

„Mächte der Liebe,
Aus zwei macht eins.
In aller Freiheit,
So soll es sein!“

Visualisiere, wie der Rauch deinen Wunsch ins Universum trägt. Lass die Kerzen über die nächsten Tage herabbrennen, bis das Wachs sich verbindet.

Eine Beziehung segnen

Wenn du glücklich in einer Beziehung bist, eignet sich dieses Ritual, um die Verbindung mit noch mehr Liebe, Leidenschaft, Freude und Schutz zu segnen. Als Backrezept ist es besonders dafür geeignet, es nach den eigenen Wünschen anzupassen. Je nachdem, wo du den Schwerpunkt der Segnung setzt, kannst du Zutaten dazugeben oder weglassen. Der Zauber sollte an Vollmond durchgeführt werden mit genügend Zeit, sich voll und ganz darauf einzulassen. Bevor du deinem/deiner Partner/in ein Stück von dem Kuchen zu essen gibst, kläre ihn oder sie über die Eigenschaften auf, sodass du nicht gegen seinen/ihren Willen handelst.

Was du dafür brauchst:

- Eine rosa Kerze
- Räucherung mit Kräutern für Liebe wie z. B. Apfel, Ingwer, Jasmin, Kardamom, Lavendel, Rose, Sandelholz, Vanille, Zimt
- 250 ml Mondwasser aus einer Trinkwasserflasche (siehe S. 26)
- 40 g Backkakao
- 200 g Mehl
- 150 g Zucker mit eingelegten Vanilleschoten oder zusätzlich ein Päckchen Vanillezucker
- Ein halbes Päckchen Backpulver

- 100 ml Sonnenblumenöl
- Eine Schüssel
- Eine runde Backform mit ca. 20 cm Durchmesser

Weitere Optionen:

- Nüsse für Glück und Fruchtbarkeit
- Kardamom und Apfel für Liebe
- Lavendelblüten für Frieden
- Orangensaft für neue Energie
- Chili und Zimt für Leidenschaft

- Dein Athame oder Zauberstab

Heize den Ofen auf 180 Grad Ober-/Unterhitze vor und fette die Backform. Stelle alle Zutaten auf dem Küchentisch bereit und entzünde die Kerze und die Räucherung. Du kannst Rosenblätter und Steine auf der Tischfläche in einem Kreis oder einem Pentagramm anordnen. Dann komme bei dem Anblick der Flamme und des Rauches zur Ruhe und konzentriere dich auf die Intention. Denke an all die schönen Momente mit deinem/deiner Partner/in. Visualisiere, wie der gesamte Raum mit eurer Liebe erfüllt wird. Dann nimm die Schale, in der du die Zutaten vermengen wirst, in beide Hände. Halte sie in die Räucherung und sprich:

„Im Schoß der Göttin,
Des ewigen Weiblichen,
Quelle allen Lebens und aller Liebe,
Forme ich den Segen für meine Beziehung mit [Name].“

Stelle sie ab und beginne den Kuchen zu backen, indem du Mehl, Kakao, Zucker und Backpulver hineingibst und miteinander vermengst.

Jetzt gib das Mondwasser hinzu und sprich dabei: „Wasser der Liebe, Wasser der Gefühle, verbinde und segne uns!“

Gib das Öl hinzu und sprich: „Öl voller Kraft, schenke unserer Beziehung neue Energie!“

Verrühre alles zu einem Teig. Lass dir Zeit. Versenke dich in die Bewegung des Rührens und lass eure Liebe in dir aufsteigen und in den Teig hineinfließen. Wenn du zusätzliche Zutaten hast, gib sie hinzu und spüre, wie sich ihre Energien in dem Teig verbinden. Du kannst zu ihnen passende Worte oder Sätze des Segens dabei flüstern, wie zum Beispiel: „Wir sind geschützt“, „Liebe verbindet uns“, „Vertrauen“, „Leidenschaft“, „Verständnis“ usw. Gib den fertigen Teig in die gefettete Backform.

Dann halte deine dominante Hand, dein Athame oder Zauberstab darüber und sprich, während du visualisierst, wie goldenes Licht hineinfließt: „Mit dem Feuer des Gottes, der Sonne, wachse unsere Liebe.“

Stelle den Teig für 35 bis 40 Minuten in den Ofen. Du kannst meditieren oder eine Sigille anfertigen, die du nach der Hälfte der Zeit in den Teig ritzt. Danach konzentriere dich darauf, wie die Hitze den Kuchen und damit den Segen zur Vollendung bringt. Iss ihn gemeinsam mit deinem/deiner Partner/in.

Eine Beziehung retten

Beziehungen können kompliziert sein. Wir sind alle Menschen mit einer Vergangenheit, mit Wunden, Unsicherheiten und Komplexen, die wir allzu gerne auf unsere Partner/innen übertragen. Nicht immer gelingt es, konstruktiv mit ihnen umzugehen, sodass die Liebe in einer Beziehung zwar vorhanden sein kann, sich der alltägliche Umgang miteinander aber schwierig gestaltet und das Verhältnis an immer denselben Problemen zerbricht. Dieser Zauber ist kein Ersatz für Kommunikationsfähigkeit und den Willen, offen an den Blockaden zu arbeiten. Er unterstützt diese Arbeit jedoch auf der unterbewussten Ebene, beeinflusst die Stimmung zwischen zwei Personen positiv und schenkt Verständnis füreinander. Bevor du den Zauber durchführst, gehe sicher, dass dein/e Partner/in denselben Wunsch hat wie du: die Beziehung zu retten. Das Ritual sollte an Vollmond durchgeführt werden.

Was du dafür brauchst:

- Zwei Zettel und einen Stift
- Eine weiße Kerze
- Eine rosa Kerze
- Etwas zum Einritzen wie z. B. eine Nadel
- Kräuter für Liebe wie z.B. Apfel, Ingwer, Jasmin, Kardamom, Lavendel, Rose, Sandelholz, Vanille, Zimt

- Öl mit Kräutern für Liebe (siehe oben)
- Öl mit Kräutern für Frieden und Reinigung wie z.B. Lavendel, Lorbeer, Pfefferminze, Rosmarin, Salbei, Zitronenmelisse
- Deinen Hexenkessel oder eine feuerfeste Schale
- Ein gemeinsames Foto von dir und deiner/deinem Partner/in
- Räucherung mit Kräutern für Liebe (siehe oben)

Optional:

- Steine für Liebe, Heilung und Kommunikation wie z. B. Angelit, Aquamarin, Bergkristall, Rosenquarz, Coelestin, Jade, Mondstein, Selenit

Entzünde die Räucherung und halte alle Zutaten und Utensilien auf dem Arbeitsplatz bereit. Dann schreibe zwei Briefe. In den ersten Brief schreibe alle Probleme der Beziehung und deine Gefühle dazu. Sei so ehrlich wie möglich. Danach schreibe in einen zweiten Brief, was in der Beziehung geschehen soll. Wo brauchen du und dein/e Partner/in Heilung? Was muss sich ändern? Welche Art von Beziehung würde euch beide glücklich machen? Versuche, diesen Brief mindestens genauso lang oder sogar länger als den ersten Brief zu schreiben. Dann komme zur Ruhe. Konzentriere dich auf die Intention. Ritze die Worte „Frieden“, „Reinigung“ und „Klarheit“ – oder Sigillen für sie – in die weiße Kerze. In die rosa Kerze ritze die Worte „Liebe“, „Leidenschaft“ und „Zuneigung“ oder ebenfalls Sigillen für sie. Salbe beide Kerzen von oben nach unten mit den Kräuterölen deiner Wahl. Stelle sie ca. eine Kerzenlänge voneinander entfernt auf und platziere ggf. die Steine deiner Wahl um sie herum. Dann nimm den ersten Brief mit all den Problemen, zünde ihn an beiden Kerzenflammen an und lege ihn in das feuerfeste Gefäß. Spüre und visualisiere, wie alle negativen Energien in der Beziehung durch das positive Feuer verbrannt werden. Sprich dabei:

„Heilige Flammen, tragt weg alles Schlechte,
Heilt [Name] und meine Beziehung,
Zeigt her eure Mächte!"

Nimm den zweiten Brief, lies ihn noch einmal kurz durch und lass dir ein paar Minuten Zeit, um zu visualisieren, wie du mit deinem Partner/deiner Partnerin eine glückliche Beziehung führst. Lege das Foto von euch auf den Brief und falte beides dreimal. Halte Brief und Foto in die Räucherung und sprich:

„Mächte der Liebe,
Vereint uns wieder,
Bringt uns Harmonie und Frieden hernieder,
Möge unsere Liebe wachsen und gedeihen,
So war es und so soll es sein.
Ohne Zwang und ohne Schaden,
so werde ich es erwarten."

Visualisiere, wie die Kraft der Kräuter die Bedeutung des Briefes aktiviert. Lege ihn auf die Asche in den Hexenkessel oder die feuerfeste Schale und beschwere ihn ggf. mit einem Stein. Das Gefäß symbolisiert die

Unterwelt und damit das Unterbewusstsein, wo das alte Programm – der erste Brief – gelöscht wurde und der Inhalt des zweiten Briefes nun wirken und gedeihen soll. Bestreue ihn mit den Kräutern deiner Wahl, sodass er mit ihnen bedeckt ist. Stelle das Gefäß zwischen die Kerzen und schließe das Ritual an dieser Stelle.

Lass die Kerzen über die nächsten Tage vollständig abbrennen. Den Brief kannst du danach ggf. unter das gemeinsame Bett legen und entsorgen, wenn die gewünschte Wirkung eingetreten ist.

Liebe wiederaufleben lassen

Die Zeit kann eigentlich gesunden Beziehungen übel mitspielen. Man gewöhnt sich aneinander, nimmt sich für selbstverständlich und wenn die Hormone durchgehen, verliebt sich vielleicht einer der Partner ungewollt in jemand anderen. Was ist aber mit der Beziehung, in die Zeit und Kraft investiert wurde? Es ist verständlich, dass man so etwas Wertvolles nicht einfach wegwerfen möchte. Dieser Zauber hilft, die alte Liebe wieder aufleben zu lassen, und wirkt nur, wenn das der Wunsch beider Partner ist. Hat die andere Person innerlich mit der Beziehung abgeschlossen, wird der Zauber wirkungslos bleiben. Er sollte bei zunehmendem Mond gewirkt werden.

Was du dafür brauchst:

- Getrocknete Kräuter für Liebe wie z. B. Apfel, Ingwer, Jasmin, Kardamom, Lavendel, Rose, Sandelholz, Vanille, Zimt
- Eine Schere
- Haare/Fingernägel/ein Stück getragenen Stoffes von dir und deinem/deiner Partner/in
- Eine rote Kerze
- Eine Kerze, die für eine stetige Flamme benutzt wird
- Öl mit Kräutern für Liebe (siehe oben)
- Ein gemeinsames Foto von dir und deinem/deiner Partner/in

- 13 Apfelkerne

Optional:

- Einen Mörser
- Räucherung mit Kräutern für Liebe (siehe oben)
- Steine für Liebe wie z. B. Bergkristall, Fluorit, rosa Turmalin, Rosenquarz, Rhodochrosit
- Dein Athame oder Zauberstab

Entzünde ggf. eine Räucherung, die den folgenden Zauber mit ihren Energien begleitet, und stelle passende Steine auf der Arbeitsfläche auf. Mahle oder schneide die getrockneten Kräuter deiner Wahl klein. Dann schneide auch die Haare/Fingernägel/Stoffstücke so fein wie möglich und gebe sie zu den Kräutern. Vermische alles gut. Breite die Mischung auf einer glatten Oberfläche aus. Jetzt entzünde die Kerze, die du für eine stetige Flamme benötigst. Halte die rote Kerze quer darüber. Bringe sie über die gesamte Länge zum Anschmelzen und rolle sie dann in der Kräutermischung. Wiederhole diesen Vorgang, bis die Mischung die ganze Oberfläche der Kerze bedeckt und gut mit dem Wachs verklebt ist. Warte, bis das Wachs erkaltet ist. Salbe die Kerze nun von oben nach unten mit dem Kräuteröl deiner Wahl. Befestige die Kerze mit flüssigem Wachs auf dem Foto. Beides sollte auf einer feuerfesten Unterlage stehen. Komme zur Ruhe und konzentriere dich auf die Intention. Visualisiere, wie die Liebe zwischen dir und deinem/deiner Partner/in von Neuem entflammt. Entzünde die Kerze und projiziere die Intention in die Flamme. Sprich:

„Die Liebe, die war, soll wieder sein,
Zwischen [Name] und mir, in diesem Schein,
Sodass wir uns wiederfinden,
Und in Liebe wieder verbünden.
Ohne Zwang und ohne Schaden,
So werde ich es erwarten!“

Wiederhole den Zauberspruch und sinke, während du dich auf die Flamme eurer Liebe konzentrierst, immer tiefer in Trance. Intensiviere die Visualisierung eures gemeinsamen Glücks. Wenn du das Gefühl hast, der Zauber sei gewirkt, sprich: „So sei es!“

Entzünde die Kerze und wiederhole den Spruch jeden Tag bis zum Vollmond, an dem du die Kerze vollständig auf das Foto herabbrennen lässt. Dann lege 13 Apfelkerne für einen Neuanfang und die Macht der Göttin darauf und vergrabe alles unter einem Apfel- oder Kirschbaum. Visualisiere, wie die Kraft der Erde deine Intention zum Wachsen bringt.

Bindungen lösen

Manchmal spürt man, dass es Zeit ist, sich aus einer Beziehung zu lösen. Entweder sind die eigenen Gefühle erkaltet und man hat kein Interesse daran, sie neu zu entfachen, oder aber die andere Person tut einem nicht mehr gut.

Dieser Zauber eignet sich nicht nur für Liebesbeziehungen, die du beenden möchtest, sondern für Beziehungen aller Art. Er durchtrennt die energetischen Bindungen und bereitet dich wie auch die andere Person auf die bevorstehende Trennung vor, sodass sie für alle Beteiligten einfacher wird. Der Zauber sollte bei abnehmendem Mond oder bei Neumond durchgeführt werden.

Was du dafür brauchst:

- Zwei schwarze Kegelkerzen
- Etwas zum Einritzen wie z. B. eine Nadel
- Ein Bild von dir
- Ein Bild von der anderen Person
- Einen roten Bindfaden
- Reinigende Kräuter wie z. B. Lorbeer, Rosmarin, Salbei, Wacholder
- Salz
- Eine Schere
- Eine mit Mondwasser gefüllte Schale

- Deinen mit Erde gefüllten Hexenkessel oder eine Schale
- Eine Pinzette
- Räucherung mit reinigenden Kräutern (siehe oben)

Optional:

- Steine für Reinigung wie z. B. Hämatit, Obsidian, Onyx, Rauchquarz schwarzer Turmalin

Ritze deinen Vor- und Nachnamen in eine Kerze und stelle sie auf das Bild von dir. In die andere ritze den Vor- und Nachnamen der anderen Person und stelle sie auf das Bild von ihr direkt neben deine Kerze. Binde den Faden neunmal um beide Kerzen herum und befestige ihn mit einem Knoten. Streue einen kleinen Ring aus reinigenden Kräutern und Salz um die Kerzen und stelle ggf. die Steine deiner Wahl auf. Dann entzünde die Räucherung und die Kerzen. Nimm den Geruch wahr und konzentriere dich bei dem Anblick der Flammen auf das Ziel, dich von der Person zu trennen. Fokussiere deine Intention auf die beiden Kerzen und den Faden, der eure Bindung symbolisiert. Dann nimm die Schere und durchtrenne den Knoten und die übrigen Fäden. Sprich dabei:

„[Name], unsere Zeit ist gekommen,
Die Liebe zerronnen.
Ich trenne unser Schicksal und unsere Bindung,
Dieser Zauber bringe uns Linderung!“

Spüre, wie sich die Bindung in dem Moment löst, und gib dem Zauber Raum.

Dann nimm die Fäden mit einer Pinzette auf und halte sie in die Räucherung. Visualisiere, wie die Bindungen hinfortgetragen werden. Sprich mit aller Autorität: „Bei Luft!“

Jetzt halte sie kurz in die Flammen. Sie werden wahrscheinlich schnell Feuer fangen, deswegen sei vorsichtig. Sprich mit aller Autorität: „Bei Feuer!“ Spüre, wie das Feuer die Bindungen verbrennt.

Gib sie zügig in das Wasser und sprich mit aller Autorität: „Bei Wasser!“ Visualisiere, wie sich die Bindungen im Wasser weiter auflösen.

Dann schütte alles auf die Erde im Hexenkessel oder der Schale. Visualisiere, wie die Erde alle restlichen Bindungen aufnimmt und in Freiheit transformiert.

Sprich mit aller Autorität: „Bei Geist!“ Schlage mit der Hand dreimal ein Pentagramm. Visualisiere, wie sich dein Geist von allen Bindungen trennt.

Ziehe die Kerzen mit den Bildern unter ihnen auseinander. Forme mit den Kräutern und dem Salz eine Trennlinie zwischen euch. Sprich zum Abschluss: „So sei es!“

Lasse die Kerzen über die nächsten Tage vollständig abbrennen. Achte darauf, bei ihrem selbstständigen Erlöschen anwesend zu sein und dabei zu visualisieren, wie auch eure Gefühle erlöschen.

Ein gebrochenes Herz heilen

Zerbricht eine Beziehung, obwohl man den/die andere/n noch liebt, kann der Schmerz unerträglich sein. Oft verbleibt man in ihm, weil man nicht loslassen will und leidet dadurch noch länger. Bist du aber irgendwann an dem Punkt angekommen, dass du wieder ganz sein möchtest, kann der folgende Zauber deinen Heilungsprozess anstoßen und unterstützen. Er kann unabhängig von der Mondphase durchgeführt werden.

Was du dafür brauchst:

- Eine Schale mit Wasser
- 7 rosa Teelichter
- Tee aus emotional heilenden Kräutern wie z. B. Baldrian, Fenchel, Kamille, Lavendel, Zitronenmelisse
- Mondwasser aus einer Trinkwasserflasche (siehe S. 26)
- Honig oder Sirup (aus Früchten, Ahornsaft, Agavendicksaft etc.)
- Lavendelzweige
- Räucherung mit heilenden Kräutern (siehe oben)
- Öl mit heilenden Kräutern (siehe oben)

Optional:

- Steine für emotionale Heilung wie z. B. Angelit, blauer Achat, Coelestin, Mondstein, Rhodochrosit, Rosenquarz, Selenit

Begib dich in die Natur oder an einen anderen Ort, an dem du Wasser ausschütten kannst. Setze dich auf den Boden und nimm die Schale mit Wasser in beide Hände. Blicke hinein und komme zur Ruhe. Dann lass alle schmerzhaften Erinnerungen und Gefühle der zerbrochenen Beziehung auftauchen. Lass dich von ihnen überwältigen. Gib all den negativen Emotionen die Erlaubnis, gefühlt zu werden. Weine allen Schmerz in die Schale hinein. Wenn du nicht weinen kannst, visualisiere, wie der Kummer aus deinem Unterbauch, aus deiner Brust und aus deinem Kopf in sie hineinfließt. Lass dir Zeit, bis du ganz ausgeweint bist oder du dich leichter fühlst. Dann komme erneut zur Ruhe. Sprich:

„Große Mutter von Mondschein und Erde,
Gnade erbitte ich von dir.
Aus meinem Herzen schenk ich dir meine Schmerzen,
So schenk du deine Heilung mir."

Schütte das Wasser vor dir auf die Erde oder in ein Becken. Fühle die Erleichterung und visualisiere, wie der Schmerz von der Erde aufgenommen und transformiert wird. Wenn du gehst, drehe dich nicht um, um damit den Abschluss zu symbolisieren.

Bereite dir einen Tee mit heilenden Kräutern deiner Wahl und Mondwasser zu. Süße ihn mit Honig oder Sirup für Trost. Gehe in dein Zimmer und lege einen Kreis aus Lavendelzweigen für inneren Frieden und ggf. den Steinen deiner Wahl auf den Boden. Stelle auch die sieben rosa Teelichter auf den Kreis. Entzünde sie und die Räucherung. Setze dich hinein. Komme erneut zur Ruhe und trinke eine Weile konzentriert und bedächtig den Tee. Versuche, nur auf den Atem zu hören und deinem Inneren Raum für den Frieden um dich herum zu geben. Lasse die Atmosphäre auf dich wirken. Dann nimm etwas von dem Kräuteröl deiner Wahl. Salbe den Unterbauch. Zeichne einen Kreis mit dem Öl. Er steht für Ganzheit, Heilung und Wiederherstellung. Salbe und zeichne einen Kreis auf das Herz und dann auf die Stirn, sodass deine Gefühle, deine Liebe und deine Gedanken geheilt werden. Wiederhole dabei:

„Der Schmerz sei fern,
Das Licht sei nah.
Ich heile meine Gefühle/Liebe/Gedanken,
Es sei wahr!“

Während du den Rest des Tees trinkst, visualisiere, wie der Kreis mit Licht, Liebe und Heilung erfüllt und dein ganzes Wesen damit durchtränkt wird. Erlaube dir, loszulassen und diese neuen, positiven Emotionen zum ersten Mal nach der schweren Zeit der Dunkelheit zu empfinden. Sprich zum Schluss: „So sei es!“

KAPITEL 7
FREUNDSCHAFT UND FAMILIE

Wie auch im Kapitel „Liebe und Partnerschaft“ nehmen die folgenden Zauber Einfluss auf die Beziehung zu anderen Menschen, seien es Freunde/Freundinnen oder Familienmitglieder. Es finden sich zwar hauptsächlich positive Segen und Versöhnungszauber, und ich habe darauf geachtet, den Zielpersonen dabei ihre Entscheidungsfreiheit zu lassen, jedoch rate ich dir, vorher ihr Einverständnis einzuholen.

NEUE FREUNDSCHAFTEN SCHLIESSEN

Neue Leute oder gar potenzielle Freunde kennenzulernen wird mit jedem Lebensjahr, das vergeht, schwieriger. Ein Umzug oder ein Jobwechsel – wir werden herausgefordert, neue Verbindungen einzugehen. Dieser Zauber unterstützt dabei. Er sollte bei zunehmendem Mond durchgeführt werden.

Was du dafür brauchst:

- Eine Kerze in deiner Lieblingsfarbe
- Etwas zum Einritzen wie z. B. eine Nadel
- Ein Foto von dir
- Öl mit Kräutern für Positivität wie z. B. Ingwer, Kardamom, Sternanis, Zitronengras, Zitrusschalen
- Räucherstäbchen mit Kräutern für Positivität (siehe oben)

Optional:

- Eine weiße/helle Feder
- Steine für Positivität und Freundschaft wie z. B. Bergkristall, Citrin, Fluorit, Lapislazuli, Rosenquarz, Tigerauge

Ritze deinen vollen Namen in die Kerze und salbe sie von oben nach unten mit dem Kräuteröl deiner Wahl, während du visualisierst, wie die Eigenschaften der Kräuter auf sie übergehen. Stelle sie auf ein Foto von dir. Arrangiere ggf. die Steine deiner Wahl und die Räucherstäbchen in einem Kreis um die Kerze. Entzünde sie und die Kerze. Konzentriere dich auf die Intention, neue Verbindungen der Freude und Freundschaft in dein Leben zu rufen. Visualisiere, wie die Kerzenflamme Lichtstrahlen in alle Richtungen schickt. Dann benutze deine Hand oder eine Feder, um den Rauch der Kerze zuzufächeln. Dem Luftelement zugeordnet verkörpert der Rauch unter anderem das Prinzip der Kommunikation. Sprich:

„Ihr freundlichen Seelen, ich rufe euch,
Wie Puzzleteile finde ich euch.
Ich rufe die guten Seelen herbei,
Zur Freude und Freundschaft,
Ich setze sie frei!

Ohne Zwang und ohne Schaden,
So werde ich es erwarten!"

Visualisiere, wie das Licht und der Rauch sich miteinander verbinden und du neue Freundschaften eingehst. Dann wedle dir etwas von dem Rauch zu, um dich zu segnen. Meditiere eine Weile davor und sprich zum Abschluss: „So sei es!"

Du kannst das Ritual an den folgenden Tagen wiederholen, bis alles heruntergebrannt ist.

Eine Freundschaft segnen

Manche Menschen wachsen uns so sehr ans Herz, dass wir sie am liebsten niemals gehen lassen möchten. Dieser Zauber segnet eine Freundschaft und ist gleichzeitig eine schöne Geste der anderen Person gegenüber. Man sollte auch hier um die Erlaubnis bitten, ihn durchführen zu dürfen. Der Zauber sollte in einer Vollmondnacht, am besten in der freien Natur (z. B. unter einer Linde) gewirkt werden. Arbeitest du in der Wohnung, brauchst du als Ersatz eine Schale, die mit Erde gefüllt ist.

Was du noch dafür brauchst:

- Eine gelbe oder orange Kerze
- Etwas zum Einritzen wie z. B. eine Nadel
- Zwei persönliche Objekte, die für dich und deine/n Freund/in stehen, z. B. zwei Ringe/ Armbänder/kleine Figuren, die man zusammenbinden und gut reinigen kann
- Eine grüne Schnur
- Blütenblätter von Blumen, die Freundschaft und Freude symbolisieren, wie z. B. Flieder, Margeriten, orange Rosen, Sonnenblumen
- Öl mit Kräutern für Positivität wie z. B. Ingwer, Kardamom, Sternanis, Zitronengras, Zitrusschalen

Optional:

- Räucherung mit Kräutern für Positivität (siehe oben)
- Steine für Positivität und Freundschaft wie z. B. Bergkristall, Citrin, Fluorit, Lapislazuli, Rosenquarz, Tigerauge

Konzentriere dich auf die Intention, deine Freundschaft zu segnen. Lasse dabei alle schönen gemeinsamen Erinnerungen und Erfahrungen auftauchen. Ritze deinen und den Namen deiner Freundin/deines Freundes in die Kerze. Salbe sie von oben nach unten mit dem Kräuteröl deiner Wahl und visualisiere die Energien, die du so auf sie überträgst. Stelle die Kerze auf die Erde und entzünde sie und ggf. die Räucherung. Stelle dir vor, wie der Raum um dich herum durch das Kerzenlicht und den Rauch mit goldenem Licht erfüllt wird. Dann nimm die zwei Objekte deiner Wahl und halte sie in die Räucherung, um sie mit der Energie der Kräuter zu segnen. Winde die grüne Schnur um sie, ohne sie zu verknoten, um die freiwillige Bindung eurer Freundschaft zu symbolisieren. Sprich dabei:

„Ich segne die Freundschaft zwischen [Name] und mir.
Durch Freude und Licht verbunden sind wir.
Geschützt durch Erde und Mondschein,
So ist es und so soll es sein!"

Dann vergrabe die Objekte in der Erde vor der Kerze, damit sie ihre fruchtbare und schützende Kraft in sich aufnehmen. Streue Blütenblätter darauf und meditiere eine Weile, bis warmes Wachs auf die Erde getropft ist, das den Segen symbolisiert. Halte beide Hände über die Stelle und visualisiere, wie Licht durch dich in die Erde fließt. Lösche, wenn nötig, die Kerze, lasse aber alles bis zum nächsten Tag stehen. Dann grabe die Objekte aus, löse die Schnur und reinige sie von der Erde. Gib ein Objekt deiner Freundin/deinem Freund und behalte das andere. Die Kerze kannst du ggf. zurück in die Wohnung bringen und über die nächsten Tage abbrennen lassen.

VERSÖHNUNG

Ein Streit kann so verfahren und voller Missverständnisse sein, dass es schwierig ist, ihn aufzulösen. Der folgende Zauber hilft, die Atmosphäre zu entspannen. Er beeinflusst das Verständnis und die Kommunikationsfähigkeit positiv, sodass die Hindernisse für echte Versöhnung aus dem Weg geräumt werden. Er ist kein Ersatz für ein klärendes Gespräch und eine Entschuldigung, wenn diese angebracht ist, sondern bereitet eine konstruktive Aussprache energetisch vor. Der Zauber kann unabhängig von der Mondphase durchgeführt werden.

Was du dafür brauchst:

- Zwei hellblaue Kerzen
- Etwas zum Einritzen wie z. B. eine Nadel
- Öl mit Kräutern für Frieden und Kommunikationsfähigkeit wie z. B. Baldrian, Fenchel, Kamille, Lavendel, Minze, Zitronenmelisse
- Fotos von dir und der Person, mit der du dich versöhnen möchtest
- Eine Schale mit Mondwasser
- Honig oder Sirup, z. B. aus Früchten, Ahornsaft, Agavendicksaft etc.
- Milch (kann auch pflanzlich sein)

Optional:

- Getrocknete oder frische Kräuter für Frieden und Kommunikationsfähigkeit (siehe oben)
- Räucherung mit den genannten Kräutern
- Steine für Frieden und Kommunikationsfähigkeit wie z. B. Amazonit, Angelit, Aquamarin, blauer Achat, Coelestin, Mondstein, Rosenquarz, Selenit

Ritze deinen Namen und den Namen der Person, mit der du dich versöhnen möchtest, in jeweils eine Kerze und salbe sie von oben nach unten mit dem Öl deiner Wahl. Stelle sie links und rechts an die Schüssel mit dem Mondwasser. Entzünde sie und ggf. die Räucherung. Komme bei dem Anblick der Flammen und des Rauches zur Ruhe. Konzentriere dich auf deine Intention und nimm die beiden Fotos in die Hände. Visualisiere Versöhnung zwischen euch. Lege sie in die Schale mit dem Mondwasser.

Sprich dabei: „Mit Wasser und Mondlicht reinige ich Schmerz, Wut und Trauer zwischen [Name] und mir." Visualisiere, wie euer Verhältnis zueinander geklärt und gereinigt wird. Lass dir dafür genügend Zeit und projiziere die Visualisierungen ins Wasser.

Dann gib die Milch hinzu und sprich: „Ich rufe Versöhnung herbei!" Visualisiere die sanfte Energie der Milch, die auf euch einwirkt.

Gib etwas Honig/Sirup hinzu und sprich: „Unsere Beziehung sei genährt mit Zuwendung und Liebe." Visualisiere die „süße" Energie, die auf euch einwirkt.

Dann streue die Blumen hinein und sprich: „Blüten

der Freude werden wir hervorbringen!“ Visualisiere die Energie der Freude, die auf euch einwirkt.

Wenn du zusätzliche Kräuter und/oder Steine hineingeben willst, fühle dich nacheinander in ihr Wesen hinein und finde ein Wort, das sie am besten beschreibt, wie z. B. „Heilung“ für Fenchelkraut, „Frieden“ für Lavendel etc. Benutze sie in weiteren Segenssprüchen, während du sie hinzugibst und ihre Wirkung visualisierst. Dann rühre dreimal im Uhrzeigersinn in der Schüssel umher. Visualisiere, wie sich alle Zutaten miteinander verbinden und sprich: „So sei es!“

Bleibe eine Zeit lang davor sitzen und betrachte, wie die kreisende Bewegung der Flüssigkeiten den Zauber aktiviert. Lasse positive Gefühle und Erinnerungen mit der anderen Person hochkommen, bis der ganze Raum von Liebe erfüllt ist.

Die Kerzen sollten über die folgenden Tage abbrennen. Danach kann der Inhalt der Schale entsorgt werden.

Das Familienleben segnen

Nirgends sonst gibt es so viel Konfliktpotenzial wie in der Familie. Hier fallen die Masken, die man vor Menschen trägt, die man nicht so gut kennt. Die Familie kann aber auch Kraftquelle und ein Ort des Zusammenhaltes sein. Dieser Zauber segnet das Familienleben mit Liebe und Stärke. Er sollte an Vollmond durchgeführt werden.

Was du dafür brauchst:

- Eine Schale mit Erde
- Den Blütenkopf einer Sonnenblume
- Ein Familienfoto
- 5 Tarotkarten (oder ihre Ausdrucke) für das Familienleben wie z. B. „Der Stern", „Die Sonne", „Das Rad des Schicksals", „Neun Kelche", „Zehn Kelche"
- 5 Steine für Liebe und Verbindung wie z. B. Bergkristall, Blutjaspis, Fluorit, Jade, rosa Turmalin, Rosenquarz, Rhodochrosit
- 5 grüne Kerzen
- Öl mit Kräutern für Liebe und Verbindung wie z. B. Ingwer, Lavendel, Minze, Sandelholz, Zitronenmelisse
- 5 Räucherstäbchen mit Kräutern für Liebe und Verbindung (siehe oben)
- Sonnenwasser

Optional:

- Dein Athame oder Zauberstab

Kürze den Stängel der Sonnenblume auf ca. fünf bis zehn cm und stich sie so in die Erdschale, dass ihr Kopf nach oben blickt. Darauf lege das Familienfoto. Arrangiere um die Schale herum die fünf Tarotkarten deiner Wahl mit dem Bild nach oben und der Unterkante zur Schale zeigend in gleichmäßigen Abständen. Die erste Karte sollte dir direkt gegenüber auf der anderen Seite der Schale platziert werden. An die Oberkanten der Karten lege jeweils einen Stein deiner Wahl. Hinter den Stein stelle jeweils eine mit dem Kräuteröl von oben nach unten gesalbte Kerze. Hinter die Kerze wiederum ein Räucherstäbchen, sodass fünf „Strahlen" aus Räucherstäbchen, Kerze, Stein und Tarotkarte zur Schale führen.

Entzünde die Räucherstäbchen und die Kerzen und komme bei ihrem Anblick zur Ruhe. Konzentriere dich auf deine Intention. Visualisiere, wie deine Familie Liebe und Freude miteinander teilt, sich öffnet und positive Verbindungen im Alltag eingeht.

Jetzt tunke den Zeigefinger deiner dominanten Hand, dein Athame oder deinen Zauberstab in das Sonnenwasser. Visualisiere die Kraft der Sonne und tippe auf die oberste Karte dir gegenüber. Sprich:

„Luft und Feuer und Wasser und Erde,
sendet meiner Familie Liebe und Stärke."

Visualisiere, wie die Energien des Rauches, der Kerze, des Steins und der Sonne in der Karte zusammenfließen und sie zum Leuchten bringen. Noch immer deinen Zeigefinger, dein Athame oder deinen Zauberstab auf die Karte haltend, visualisiere, wie du die geballte Kraft ihrer Bedeutung in die Schale, in die Blume und schlussendlich in das Familienfoto schickst. Ziehe nun mit dem Finger oder Werkzeug in Gedanken eine leuchtende Linie zu der unteren rechten Karte. Wiederhole den Zauberspruch und die Visualisierungen. Von dort aus ziehe in Gedanken eine leuchtende Linie zu der oberen linken Karte, dann zu der oberen rechten Karte und der unteren linken Karte, sodass du ein Pentagramm ziehst, das wieder an der obersten Karte abschließt. Wiederhole den Zauberspruch und die Visualisierungen an jeder Karte. Sprich zum Schluss:

„Ohne Zwang und ohne Schaden,
So werde ich es erwarten.
Wir sind vereint,
So soll es sein!“

Ziehe nun einen Kreis um die Räucherstäbchen und visualisiere, wie das Pentagramm und der Kreis beim Schließen aufleuchten.

Du kannst die Kerzen und Räucherungen in den folgenden Tagen erneut anzünden, dabei deine Intention visualisieren und regelmäßig etwas von dem Sonnenwasser auf die Erde unter der Sonnenblume geben. Bevor sie welkt, beende den Zauber mit einer kurzen Danksagung an das Universum und entsorge alles.

Familienkonflikte entspannen

Dieser Zauber wirkt ähnlich wie der Versöhnungszauber, indem er die Konflikte nicht einfach in Luft auflöst, sondern die Atmosphäre entspannt und die Kommunikationsfähigkeit unterstützt. So werden Verständnis und Vergebung ermöglicht. Er sollte bei abnehmendem Mond oder Neumond durchgeführt werden.

Was du dafür brauchst:

- Drei rote Kerzen
- Drei rote Schnüre
- Ein Familienfoto
- Räucherung mit Kräutern für Frieden und Kommunikationsfähigkeit wie z. B. Baldrian, Fenchel, Kamille, Lavendel, Minze, Zitronenmelisse
- Deinen Hexenkelch oder ein Glas mit Sonnenwasser

Optional:

- Steine für Frieden und Kommunikationsfähigkeit wie z. B. Amazonit, Angelit, Aquamarin, blauer Achat, Coelestin, Mondstein, Rosenquarz, Selenit
- Dein Athame oder Zauberstab

Stelle die Kerzen in einem Dreieck auf und lege das Familienfoto in die Mitte. Binde um jede Kerze eine rote Schnur und verbinde die drei Schnüre über dem Foto mit einem Knoten, der nicht zu fest sein sollte, weil er wieder aufgelöst wird. Sie symbolisieren die Blutsbindungen untereinander, die sich in dem Streit „verwickelt" haben. Die Steine deiner Wahl kannst du um das Dreieck herum arrangieren. Entzünde die Kerzen und die Räucherung. Halte die anderen Utensilien bereit. Komme zur Ruhe und konzentriere dich auf die Intention, den Familienkonflikt zu entspannen. Sprich:

„Bande des Blutes, eng und fest,
Zum Knoten gespannt seid ihr zum Test."

Beginne den mittleren Knoten aufzulösen. Sprich dabei:

„Doch Liebe und Güte erweichen die Herzen,
Öffnen den Knoten der eigenen Schmerzen,
Öffnen die Wege zum Lachen und Reden,
Zurück zu den Banden des Blutes des Lebens."

Öffne die übrigen Knoten um die Kerzen. Dann halte die Schnüre in die Räucherung, um symbolisch Leichtigkeit und Kommunikationsfähigkeit in den Streit zu bringen. Visualisiere dabei, wie deine Familie in Frieden zusammenkommt. Halte auch die Fotos in die Räucherung und stelle dir vor, wie alles Negative mit dem Rauch hinwegzieht. Lege sie zurück ins Dreieck und arrangiere die Schnüre in einen Kreis um sie herum. Dann nimm etwas von dem Sonnenwasser und spritze es dreimal auf die Fotos. Visualisiere, wie deine Familie durch die Kraft der Sonne und des Wassers gesegnet wird. Zum Schluss fahre mit beiden Händen, deinem Athame oder Zauberstab in einem Dreieck über die Kerzen und sprich:

„Wir sind eins, wir sind [Anzahl], wir sind eins.
Ohne Zwang und ohne Schaden,
So werde ich es erwarten,
So soll es sein.“

Meditiere eine Weile und dann schließe das Ritual.

Kapitel 8
Gesundheit

Alles ist im Ursprung eins – das weibliche und männliche Prinzip, der Gott und die Göttin, Himmel und Erde, Körper und Geist. Alles ist verbunden. Wenn es meinem Körper schlecht geht, wirkt sich das auf meinen Geist aus. Wenn es mir psychisch schlecht geht, manifestiert sich das im Körper. Dies muss nicht sofort eine ernsthafte Krankheit sein, sondern beginnt beispielsweise schon in einer gebückten Haltung.

Die folgenden Zauber wirken auf den Geist ein, sodass sich der veränderte geistige Zustand in einem gesünderen körperlichen Zustand manifestieren kann. Sie sind eine Unterstützung des Heilungsprozesses und ersetzen keinen Gang zum Arzt. Vergiss nicht, dass der Körper auch den Geist beeinflusst. Stelle also sicher, dass du dich gut um ihn kümmerst, ihn gesund ernährst und bewegst.

Die Zauber in dieser Kategorie können und sollten unabhängig von der Mondphase durchgeführt werden.

Zur Stärkung der Gesundheit

Dieser Zauber hilft, wenn du körperlich angeschlagen bist und dich kräftigen möchtest.

Was du dafür brauchst:

- Eine Badewanne oder Dusche
- Sonnenwasser
- Frische Zitrusscheiben, z. B. Orange, Zitrone, Limette
- Frische, kräftigende Kräuter, z. B. Salbei, Thymian, Zitronenmelisse
- Weiße Kerzen

Optional:

- Räucherung mit kräftigenden Kräutern (siehe oben)
- Steine für Kraft wie z. B. Bergkristall, Bernstein, Blutjaspis, Citrin, Karneol, Tigerauge
- Ätherische Öle aus den genannten Früchten und Kräutern (siehe oben)

Lasse dir ein Bad ein und entzünde die Kerzen und ggf. die Räucherung. Gib die Zitrusfrüchte und Kräuter in das Wasser. Stelle die Steine auf den Rand der Badewanne und gib ggf. ein paar Tropfen ätherisches Öl deiner Wahl hinein. Dann nimm das Sonnenwasser und halte deine dominante Hand, dein Athame oder deinen Zauberstab darüber. Sprich:

„Stärke und Kraft,
Wasser leuchte,
Auf dass du mir Gesundheit verschaffst!“

Visualisiere, wie die Bedeutung der Worte in das Sonnenwasser fließt und es zum Strahlen bringt. Gieße es in das Vollbad. Rühre dreimal im Badewasser herum und visualisiere, wie es mit dem Sonnenlicht durchdrungen wird und sich mit den Energien der Früchte, Kräuter und Steine verbindet. Sprich: „So sei es!“

Dann lege dich hinein und entspann dich. Nimm das Flackern der Flammen, den Duft und die Wärme wahr. Visualisiere, wie das Licht und die Kraft aller Zutaten deine Körperzellen erhellen, die Krankheiten auflösen und dich stärken. Stelle dir vor, wie dein Körper anfängt zu leuchten. Wenn du dich bereit fühlst, ziehe den Stöpsel und beobachte, wie das Wasser beim Abfließen alles Negative mit sich nimmt.

Falls du keine Badewanne hast, kannst du den Zauber auch unter der Dusche durchführen. Binde die Kräuter zu einem Bündel. Hänge sie an den Duschkopf und/oder reibe ihn mit ätherischen Ölen deiner Wahl ein. Die Früchte und Steine kannst du an den Rand legen. Dann dusche eine Weile und genieße den Duft. Atme ihn ein und spüre, wie er dich kräftigt. Übergieße dich mit dem vorher gesegneten Sonnenwasser und visualisiere, wie sich alles Negative aufgelöst und mit dem Duschwasser weggewaschen wird.

Jemanden gesundheitlich unterstützen

Man fühlt sich selten hilfloser, als wenn man nicht in der Lage dazu ist, einer geliebten Person Krankheit und Schmerzen zu nehmen. Und doch ist alles eins. Trennung ist eine Illusion. Wir sind alle miteinander verbunden. Es ist möglich, anderen Menschen durch den Geist Energie zu schicken, die sie unterstützt und ihre Selbstheilungskräfte aktivieren kann. Natürlich hängt die körperliche Heilung von vielen weiteren Faktoren ab, aber dieser Zauber schenkt dir die Möglichkeit, das beizutragen, was in deiner Macht steht – und das ist mehr, als du denkst. Der Zauber ist auch auf Tiere übertragbar.

Was du dafür brauchst:

- 5 weiße Kerzen
- Eine Schale
- Ein Bild der Person, der du heilende Energie schicken möchtest, evtl. auch Haare, ein getragenes Kleidungsstück o. Ä.
- Salz
- Reinigende und heilende Kräuter wie z. B. Lorbeer, Rosmarin, Salbei, Thymian, Wacholder
- Einen Bergkristall
- Räucherung mit Kräutern für eine starke Verbindung zur Geistwelt wie z. B. Weihrauch, Kampfer, Salbei

Optional:

- Dein Athame oder Zauberstab

Platziere die weißen Kerzen auf die gedachten Spitzen eines ca. 30 bis 40 cm großen Pentagramms. Entzünde die Kerzen und die Räucherung. Dann stelle die Schale in die Mitte der Kerzen und bedecke den Boden mit einer Mischung aus Salz und den Kräutern deiner Wahl. Salz wirkt desinfizierend und reinigend. Es symbolisiert, dass alles Negative aus dem Körper der Zielperson herausgezogen werden soll. Die Kräuter schenken ebenfalls Reinigung und Heilung.

Halte das Bild und ggf. die Haare/ein Stück Kleidungsstoff o. Ä. in die Räucherung. Visualisiere, wie das Wesen der Person mit göttlichen Energien in Kontakt tritt. Lass dir für diesen Schritt genug Zeit. Dann lege alles in die Schale und bedeckte es vollständig mit der Salz-Kräuter-Mischung. Darauf wiederum platziere einen Bergkristall. Rufe jetzt entweder eine Gottheit an, mit der du schon länger arbeitest, oder schicke eine generelle Bitte ins Universum.

Sprich dafür: „Kräfte des Lebens, ich rufe euch! Kommt mit Erbarmen, kommt mit Heilung und Licht. Erfüllt diesen Raum mit eurer Gegenwart."

Konzentriere dich auf die heilenden Kräfte. Baue sie auf, indem du die Energien wie sanftes Licht visualisierst. Fühle, wie sie durch die höchste Stelle in deinem Kopf in den Körper fließen und sich im Herzen in reine Liebe verwandeln. Ziehe mit deinem dominanten Finger, deinem Athame oder Zauberstab ein Pentagramm und einen Kreis über den Kerzenflammen. Visualisiere, wie sie sich verbinden und einen schützenden Feuerring um die Person bilden. Aller Schmerz und alles Dunkle prallen daran ab. Dann richte deine dominante Hand, deinen Zauberstab oder dein Athame auf den Bergkristall. Visualisiere, wie Heilung aus dem Universum durch dich in ihn hineinfließt, und die Person mit Licht und Heilung erfüllt wird, während alles Negative aus ihr verdrängt und von dem Salz aufgenommen wird. Visualisiere, wie es der Person besser geht, sie dir vielleicht gute Neuigkeiten zukommen lässt oder einfach gesünder aussieht. Sprich dreimal:

„Liebe und Licht,
Heilung und Schutz,
[Name], damit segne und fülle ich dich."

Bedanke dich bei deiner Gottheit oder den Kräften des Lebens und sprich: „So sei es!"

Für Fruchtbarkeit

Dieses Ritual macht sich die fruchtbaren Energien der Erde, der Göttin, zunutze und sollte in der Natur durchgeführt werden. Ist das nicht möglich, benutze eine mit Erde gefüllte Schale. Da frisches Menstruationsblut zum Einsatz kommt und die Periode nicht immer mit dem Vollmond zusammenfällt, kann der Zauber unabhängig von der Mondphase gewirkt werden. Solltest du deine Periode jedoch um den Vollmond herum bekommen, nutze ihn als energetische Unterstützung. Das Ritual ist kein Ersatz für eine ärztliche Behandlung.

Was du noch dafür brauchst:

- Öl mit Kräutern für Fruchtbarkeit wie z. B. Apfel, Himbeerblätter, roter Klee, Rosenblätter
- Einen Behälter mit etwas Menstruationsblut
- Deinen Hexenkelch oder ein Glas
- Mondwasser aus einer Trinkwasserflasche (siehe S. 26)
- Eine grüne Kerze
- Räucherung mit Kräutern für Fruchtbarkeit wie z. B. Apfel, echtes Eisenkraut, Himbeerblätter, roter Klee, Rosen, Schafgarbe
- Blütenblätter von Blumen, die Fruchtbarkeit symbolisieren wie z. B. Apfelblüten, Jasmin, rote Rosen

- Tee, der die Fruchtbarkeit unterstützt, z. B. echtes Eisenkraut, Frauenmantel, Himbeerblätter, Mönchspfeffer, Schafgarbe. **Kläre vorher mit deiner Frauenärztin/deinem Frauenarzt ab, ob du diese Kräuter zu dir nehmen darfst. Wenn nicht, tausche ihn mit einem anderen Tee deiner Wahl aus.**

Optional:

- Einen Mondstein für Fruchtbarkeit

Fülle den Hexenkelch oder ein Glas mit dem trinkbaren Mondwasser und lege ggf. einen Mondstein hinein. Dann nimm ein Bad/eine Dusche. Visualisiere, wie sich alle Anspannungen und Blockaden in dir und in deinem Unterleib auflösen und weggewaschen werden. Danach salbe den ganzen Körper mit dem Kräuteröl deiner Wahl (teste vorher, ob du mit Hautreizung auf die Kräuter reagierst). Begib dich mit den Utensilien und Zutaten hinaus oder an deinen Arbeitsplatz mit einer vorbereiteten Schale voll Erde. Arbeitest du draußen, wähle, wenn möglich, einen Apfel- oder Kirschbaum, unter dem du das Ritual vollziehst. Sie symbolisieren Fruchtbarkeit. Streue die Blütenblätter in einen Kreis (ggf. um die Erdschale) und stelle die Kerze und die Räucherung oben an die Innenseite. An die untere Innenseite lege die getrockneten Kräuter oder den abgepackten Tee für die abschließende Weihung. Behalte das Menstruationsblut und das Gefäß mit dem Mondwasser beiseite.

Erde und zentriere dich. Ziehe den magischen Kreis. Knie dich vor den Blütenkreis und spüre die fruchtbaren Energien von Mutter Erde, die auch in dir wirken.

Jetzt nimm die Schale mit dem Menstruationsblut in beide Hände und halte sie in die Höhe. Sprich: „Muttergöttin, Mutter der Erde und des vollen Mondes, ich schenke dir mein Blut und meine Fruchtbarkeit. Auf dass es deine Erde fruchtbar mache und neues Leben hervorbringe!“ Gib das Menstruationsblut auf die Erde in die Mitte des Kreises und visualisiere Fruchtbarkeit, die sich ausbreitet.

Dann nimm das Gefäß mit dem Mondwasser und halte es darüber. Sprich: „Muttergöttin, Mutter der Erde und des vollen Mondes, werde eins mit mir und mache auch mich zur Mutter mit deinem Blut.” Visualisiere, wie Licht aus der Erde in den Kelch steigt und ihn mit göttlicher Fruchtbarkeit füllt.

Nimm ggf. den Mondstein heraus und trinke das Mondwasser aus. Visualisiere, wie das Licht deinen gesamten Unterleib füllt und für eine Empfängnis vorbereitet. Lasse dir Zeit, um alle Energien in Körper und Geist zu integrieren.

Zum Abschluss nimm den Tee und weihe ihn, indem du ihn über das Licht der Kerze, in die Räucherung und dann über die Stelle mit dem Menstruationsblut hältst und eine kurze Segensformel wie: „Ich segne diese Kräuter mit der Fruchtbarkeit der Göttin” sprichst. Bedanke dich und beende das Ritual mit den Worten: „So sei es!“

Reinige und desinfiziere alles, was mit deinem Blut in Berührung gekommen ist. Wenn du mit einer Schale gearbeitet hast, lasse sie über Nacht stehen und entsorge die Erde am nächsten Tag. Reinige und desinfiziere auch sie. Trinke über die nächsten Wochen den geweihten Tee.

Gegen Kopfschmerzen

Das folgende Ritual zielt auf eine tiefe Entspannung ab, die oftmals ausreicht, um Kopfschmerzen zu lindern, wie auch auf eine körperliche Stimulation und die Einnahme wirksamer Kräutertees. Es ist kein Ersatz für eine ärztliche Behandlung.

Was du dafür brauchst:

- Eine lila Kerze
- Ätherisches Pfefferminzöl
- Schmerzlindernden Tee, z. B. aus Baldrian, Ingwer, Zimt
- Eine Schale mit Mondwasser und einem eingelegten Amethyst
- Ein Handtuch

Optional:

- Räucherung mit Kräutern gegen Kopfschmerzen (siehe oben)

Führe dieses Ritual am besten im Schneidersitz auf einem Handtuch durch. Halte den fertig gekochten Tee und das Pfefferminzöl neben dir bereit. Die Schale mit dem Mondwasser und dem eingelegten Amethyst kannst du zwischen die Beine stellen. Dem Amethyst wird nachgesagt, Kopfschmerzen heilen zu können. Entzünde vor dir die Kerze und ggf. die Räucherung und komme zur Ruhe.

Betrachte die Flamme und konzentriere dich für 21 Atemzüge auf das Fließen deines Atems. Dann trinke langsam den Tee, während du beim Anblick der Flamme in die Entspannung sinkst.

Wenn du dich bereit fühlst, beuge dich über die Wasserschale und tunke die Hände hinein. Wasche dein Gesicht und deinen Nacken dreimal mit dem Wasser. Spüre, wie die Haut, die Muskeln und Nervenenden auf die Empfindung reagieren und sich bis in den Kopf hinein entspannen. Trockne deine Haut ab.

Jetzt nimm etwas von dem Pfefferminzöl und tropfe es auf den Zeigefinger. Berühre damit die Stelle am Haaransatz in der Mitte der Stirn, massiere das Öl in kleinen kreisenden Bewegungen ein. Sprich eine kurze Segnung wie: „Entspannung und Frieden erfüllen mich." Dann massiere den Punkt zwischen den Augenbrauen und auch beide Schläfen mit dem Öl. Wiederhole den Segen dabei. Nimm noch etwas mehr Pfefferminzöl und berühre die Mitte des Nackens direkt unter dem Haaransatz und massiere die Muskelstränge dort.

Schließe die Augen und schenke deinem Körper und deinem Kopf Dankbarkeit. Visualisiere, wie sie mit sanftem Licht erfüllt werden. Sprich zum Abschluss: „So sei es!"

Gegen Angstzustände

Panikattacken und Angstzustände bedürfen ärztlicher und psychologischer Hilfe. Solltest du schon in Behandlung sein und deine Fortschritte zusätzlich magisch unterstützen wollen, kann dir der folgende Zauber helfen.

Was du dafür brauchst:

- Eine weiße Kerze
- Etwas zum Einritzen wie z. B. eine Nadel
- Öl mit beruhigenden Kräutern wie z. B. Baldrian, Fenchel, Hopfen, Kamille, Lavendel, Passionsblume
- Zettel und Stift
- Getrocknete beruhigende Kräuter (siehe oben)
- Ein Objekt, das du bei dir tragen kannst wie z. B. ein Schmuckstück oder Handschmeichler (aus Mondstein, Onyx, Rosenquarz, Sodalith etc.)
- Einen kleinen Beutel, z. B. aus einem Stück Stoff und einer Schnur hergestellt

Entwirf eine Sigille, die für dich Entspannung symbolisiert, und ritze sie in die Kerze. Salbe sie von oben nach unten mit dem Kräuteröl deiner Wahl. Zeichne die Sigille ebenfalls auf einen kleinen Zettel und gib einen Tropfen des Öls darauf. Halte die restlichen Zutaten und Utensilien bereit. Entzünde die Kerze und die Räucherung.

Schließe deine Augen. Nimm so tief Luft wie möglich und halte sie an. Denke an eine Situation, die Angst in dir auslöst. Empfinde sie. Jetzt öffne deine Augen, betrachte die Kerze und konzentriere dich auf die Sigille. Atme vollständig aus und spüre eine tiefe Erleichterung. Gib dich diesem angenehmen Gefühl hin. Jetzt schließe erneut deine Augen, halte den Atem an und denke wieder an eine Situation, die Angst in dir auslöst. Öffne deine Augen und lass den Anblick der Sigille und der brennenden Kerze dich mit tiefer Entspannung erfüllen. Atme erleichtert aus. Wiederhole den Vorgang ein drittes Mal. Konzentriere dich dabei voll und ganz auf die Sigille. Visualisiere, wie sie anfängt zu leuchten. Präge sie dir ein. Dann nimm den Beutel, lege den Zettel mit der Sigille hinein und fülle ihn mit den getrockneten Kräutern. Fühle dich in ihre beruhigende Wirkung ein und sprich dabei:

„Kraft der Kräuter, Kraft der Erde,
Schenkt mir Ruhe,
Schenkt mir Stärke,
So dass ich entspannt sein werde!"

Nimm das Objekt, das du gut bei dir tragen kannst, ohne dass es auffällt, und halte es über die Räucherung und über die Kerzenflamme. Sprich: „Ich fülle dich mit Kraft und Frieden!" Visualisiere, wie die Kraft der Sigille mit dem Kerzenschein in das Objekt fließt. Dann gib es ebenfalls in den Beutel. Du kannst entweder den ganzen Beutel bei dir tragen, oder – wenn die Situation es nicht erlaubt – nur das Objekt. Wann immer du Entspannung oder Stärke benötigst, nimm das Objekt in deine nicht-dominante, empfangende Hand und visualisiere, wie die in dem Objekt gespeicherte Kraft der Sigille in dich übergeht. Zum Aufladen lege das Objekt zurück in den Beutel und entzünde die Kerze.

Schlechte Angewohnheiten loswerden

Schlechte Angewohnheiten rauben dir die Macht über dein Leben. Sie sind schädliche Programme in deinem Unterbewusstsein, die deinen Willen lenken und dich ratlos vor den eigenen Taten stehen lassen. Da sich ihr Ursprung in deinem Geist befindet, sind sie jedoch mit einem Zauber gut umprogrammierbar. Dieses Ritual kann öfter durchgeführt werden, bis man die ersten Resultate erzielt.

Was du dafür brauchst:

- Papier und Stift oder ein brennbares Symbol der schlechten Angewohnheit, z. B. eine Zigarette für Nikotinsucht, eine Verpackung von Fastfood etc.
- Eine schwarze Kerze
- Deinen Hexenkessel oder eine feuerfeste Schale
- Ein Stück kaubare Lakritze
- Mondwasser aus einer Trinkwasserflasche (siehe S. 26)
- Erde

Optional:

- Räucherung mit reinigenden Kräutern wie z. B. Lorbeer, Rosmarin, Salbei, Wacholder
- Steine für Reinigung wie z. B. Hämatit, Obsidian, Onyx, Rauchquarz schwarzer Turmalin

Schreibe die schlechte Angewohnheit, die du loswerden möchtest, auf einen Zettel oder halte das brennbare Symbol für sie bereit. Dann entzünde die schwarze Kerze und ggf. die Räucherung. Stelle alle anderen Utensilien und Zutaten davor.

Komme bei dem Anblick der Kerze zur Ruhe. Dann nimm den Zettel oder das brennbare Symbol in beide Hände. Konzentriere dich auf die schlechte Angewohnheit und projiziere sie darauf. Fühle die Wut und den Ekel. Fühle den Willen, sie endlich und ein für alle Mal loszuwerden. Dann nimm das Stück Lakritze in den Mund. Es sollte so klein sein, dass du gut sprechen kannst. Kaue es noch nicht. Die Süße steht für das, was man an der schlechten Angewohnheit mag, die schwarze Farbe jedoch für ihre negativen Auswirkungen. Jetzt sprich zum Zettel oder zum brennbaren Symbol:

„Aus meinem Körper und Geist verbanne ich dich,
verschwinde in Feuer und Licht!"

Setze es in der Kerzenflamme in Brand und lege es in die feuerfeste Schale. Während es brennt, kaue die Lakritze und konzentriere alle Energie, die dein Körper und dein Geist auf die schlechte Angewohnheit verschwendet haben, auf das Stück Lakritze. Wenn das Feuer in der Schale dabei ist, zu erlöschen, spucke die Lakritze darauf und empfinde mit aller Kraft Ekel über sie. Spüle den Mund gründlich mit Mondwasser aus und spucke es ebenfalls in die Schale. Dann streue Erde darauf, um die schlechte Angewohnheit symbolisch zu begraben. Visualisiere, wie sie ausgelöscht wird und die Erde ihre Energie aufnimmt und in Freiheit transformiert.

Jetzt trinke das restliche Mondwasser und fühle, wie es dein Unterbewusstsein von allen Spuren und Erinnerungen an die schlechte Angewohnheit reinigt und den freigewordenen Raum mit Liebe zu dir füllt. Sprich zum Schluss: „So sei es!" Puste die Kerze aus.

Kapitel 9
Schutz, Verteidigung und Gerechtigkeit

Menschen meinen es nicht immer gut und beeinflussen gewollt oder ungewollt durch Wut, Eifersucht, Neid und Hass das Leben anderer Personen negativ. Das kann sich in Pechsträhnen, Unfällen und finanziellen Schwierigkeiten manifestieren. In den seltensten Fällen ist ein ausgefeilter Fluch am Werk, jedoch sollte man das durch ein Orakel – Tarot, Runen, Pendeln o. Ä. – ausschließen lassen. Es empfiehlt sich, regelmäßig, z. B. an jedem Neumond, reinigende Bäder von negativen Energien zu nehmen und die Wohnung zu räuchern.

Vor einem Ritual besteht der Schutz aus dem magischen Kreis. Doch was, wenn du dich auch draußen schützen möchtest oder das Gefühl hast, deine Wohnung sei nicht ausreichend geistig gesichert? Die folgenden Zauber bieten Anleitungen für die unterschiedlichsten Arten von Schutz, geben Hilfestellung, wenn du dich gegen Energien verteidigen und diese auflösen möchtest oder dir Gerechtigkeit für ein Unrecht wünschst. Manche davon sind als „graue“ Magie einzuordnen und können den Personen, die dir Schlechtes angetan haben, schaden. Ich habe sie trotzdem hier aufgelistet, weil ich der Ansicht bin, dass man sich verteidigen und Gerechtigkeit herbeirufen darf, so wie das im normalen Leben auch der Fall ist. Vorher solltest du dir jedoch gut überlegen, ob ein Zauber notwendig ist. Der erste Schritt sollte die Suche nach einer Lösung mit der Person gemeinsam sein. Eine Aussprache kann viel bewirken. Ist das nicht möglich oder hat zu keinem Ergebnis geführt, mache dir die möglichen Konsequenzen bewusst und frage dich, ob du mit ihnen leben könntest. Wenn ja, steht deiner magischen Selbstverteidigung nichts im Weg.

Mobiler Schutz

Diesen Zauber kannst du immer dann anwenden, wenn du weißt, dass du mit negativen Energien – seien es Menschen, Geister oder einfach nur Stimmungen – in Kontakt kommen wirst. Er wird sieben Tage vor Vollmond begonnen und kann dann nach Belieben aufgefrischt werden.

Was du dafür brauchst:

- Eine weiße Kerze
- Räucherung mit schützenden Kräutern wie z. B. Gewürznelken, Lorbeer, Rosmarin, Salbei, Sternanis, Wacholder
- Eine Schale
- Mondwasser
- Salz
- Einen dünnen Pinsel oder ein langes Stäbchen
- Ein verschließbares Einmach- oder Schraubglas
- Ein Trägeröl wie z. B. Kokosnuss-, Oliven- oder Sonnenblumenöl
- Frische oder getrocknete schützende Kräuter (siehe oben)
- Verstärkende und/oder schützende Steine wie z. B. Amethyst, Bergkristall, Blutjaspis, Obsidian, Onyx, Rauchquarz, schwarzer Turmalin, versteinertes Holz

Optional:

- Eine desinfizierte Nadel oder Lanzette (günstig in der Apotheke erhältlich)
- Drei Tropfen deines Blutes

Teste durch einfaches Einreiben, ob du mit Hautreizung auf deine ausgewählten Kräuter reagierst. Wenn nicht, fahre fort. Entzünde die Räucherung und die Kerze und konzentriere dich eine Weile auf die Intention des Schutzes. Dann halte das Glas über die Räucherung, fülle es mit dem Rauch. Drehe auch die Außenseite darin, um es von seiner Alltäglichkeit zu reinigen. Nimm etwas von der Asche der verräucherten Kräuter, vermische sie in einer Schale mit ein wenig Mondwasser und Salz, sodass eine Paste entsteht. Tunke den Pinsel oder ein Stäbchen hinein und zeichne mit der Mischung ein Pentagramm auf den Glasboden. Dann fühle dich nacheinander in das Wesen der Kräuter und Steine deiner Wahl hinein. Gib sie konzentriert in das Glas. Visualisiere ihre Energien. Jetzt fülle das Glas mit dem Trägeröl auf. Halte deine dominante Hand, dein Athame oder Zauberstab darüber und sprich:

„Schutz vor allem vor allem Negativen,
Schutz vor aller Dunkelheit,
Kräuter, Steine, Öl und Asche,
Verbindet euch,
Macht euch bereit!"

Visualisiere, wie sich die schützenden Energien verbinden und aktiviert werden. Verschließe das Glas und befestige die Kerze mit warmem Wachs darauf.

Wenn du ein paar Tropfen deines Blutes für einen extra starken Schutz verwenden möchtest, steche mit einer desinfizierten Nadel oder sterilen Lanzette in den Zeigefinger deiner dominanten Hand. Lass drei Tropfen in die Flamme fallen. Sprich dabei: „Ich segne dieses Öl mit der Kraft meines Blutes.“ Visualisiere, wie die enorme Energie des Blutes durch die Flamme aufgenommen wird und den Zauber verstärkt.

Lass die Kerze im Mondlicht eine Weile brennen und meditiere vor ihr. Dann ersticke die Flamme und verstaue das Glas an einem kühlen, dunklen Ort, bevor du es in den nächsten sechs Nächten bis zum Vollmond erneut in das Mondlicht stellst und die Kerze abbrennen lässt.

Am siebten Tag ziehe dich aus. Nimm etwas von dem Öl und gib es auf deine Stirn an den Haaransatz. Sprich: „Mein Geist sei geschützt.” Gib etwas auf dein drittes Auge und sprich: „Meine Sicht sei geschützt.” Gib etwas auf deine Kehle und sprich: „Meine Worte seien geschützt.” Gib etwas auf dein Herz und sprich: „Meine Liebe sei geschützt.” Gib etwas auf deinen Solarplexus und sprich: „Meine Macht sei geschützt.” Gib etwas auf deinen Unterleib und sprich: „Meine Gefühle seien geschützt.” Gib etwas auf dein Steißbein und sprich: „Meine Wurzeln seien geschützt.” Gib etwas auf deine Hände und sprich: „Meine Taten seien geschützt.” Gib etwas auf deine Füße und sprich: „Mein Weg sei geschützt.” Zum Abschluss sprich: „Mein Körper, meine Seele und mein Geist seien geschützt. So soll es sein!”

Ziehe mit deiner dominanten Hand von der gegenüberliegenden Hüfte eine Linie zu deiner Stirn, von deiner Stirn zu der anderen Hüfte, von dort zur gegenüberliegenden Schulter, von dort zur Schulter deiner dominanten Hand und zurück zur gegenüberliegenden Hüfte, um ein schützendes Pentagramm über dir zu ziehen. Wiederhole dies insgesamt dreimal.

Du kannst das Öl so lange benutzen, bis es ranzig wird, was du an einem unangenehmen Geruch erkennst. Dann entsorge es und fertige neues Schutzöl an.

Wohnungsreinigung

Das Haus oder die Wohnung ist unser Rückzugsort. Dort sind wir ganz wir selbst, tanken Energie und verbringen Zeit mit unseren Liebsten. Es kann hilfreich sein, diesen Ort regelmäßig geistig zu reinigen und zu schützen, um negative Einflüsse, die an der Kraft oder an den Beziehungen zehren, abzuwehren.

Was du dafür brauchst:

- Eine weiße Kerze
- Sonnenwasser
- Salz
- Räucherung mit reinigenden Kräutern wie z. B. Lorbeer, Rosmarin, Salbei, Wacholder

Optional:

- Athame oder Zauberstab
- Eine Glocke oder ein anderes klingendes Instrument (Klangschale, Glas und Löffel etc.)
- Einen Besen

Sorge dafür, dass du allein in der Wohnung bist und schütze dich mit dem Zauber „Mobiler Schutz". Beginne in dem Zimmer, das am weitesten von der Eingangstür entfernt liegt. Öffne ein Fenster oder lasse die Tür offen.

Entzünde dort die weiße Kerze für das Element Feuer und die Räucherung für das Element Luft. Gib Salz für das Element Erde und eine zusätzliche Reinigung in das Sonnenwasser, das natürlich für das Element Wasser steht. Rühre darin herum, bis sich das Salz aufgelöst hat.

Komme zur Ruhe. Erde und zentriere dich. Spüre deine Macht. Dann konzentriere dich auf die Intention. Nimm die Kerze und die Räucherung und gehe nacheinander in jede Ecke des Zimmers.

Wiederhole dabei mit aller Autorität: „Alles Dunkle, alles Böse und Negative verbanne ich aus diesem Zimmer mit der Kraft von Feuer und Luft!" Visualisiere, wie das Kerzenlicht und der Rauch die negativen Energien auflösen oder sie aus dem Fenster drängen.

Dann nimm das Sonnenwasser und besprenge jede Ecke damit. Wiederhole dabei ebenfalls mit aller Autorität: „Alles Dunkle, alles Böse und Negative verbanne ich aus diesem Zimmer mit der Kraft von Erde und Wasser!" Visualisiere, wie sich noch mehr negative Energie auflöst oder aus dem Fenster entweicht.

Benutze jetzt deinen dominanten Zeigefinger, dein Athame oder deinen Zauberstab. Strecke deinen Arm aus. Während du dich drehst, visualisiere, wie Licht aus dir in das Zimmer schießt und es erfüllt. Sprich mit aller Macht: „Alles Dunkle, alles Böse und Negative verbanne ich aus diesem Zimmer mit der Kraft meines Geistes!"

Du kannst zum Abschluss lautstark eine Glocke oder ein anderes Instrument läuten und/oder mit dem Besen das Zimmer fegen, um die endgültige Reinigung zu symbolisieren. Fahre so mit den anderen Zimmern fort, bis du an der Eingangstür angekommen bist. Wenn du einen

Besen benutzt hast, fege alles restliche Negative hinaus und stelle den Besen mit dem Kopf nach oben zeigend vor die Tür, um Schutz zu symbolisieren.

Schließe sie hinter dir und fülle den Raum, der durch die Reinigung frei geworden ist, mit Positivität. Stelle deine Lieblingsmusik an, backe einen duftenden Kuchen oder dekoriere neu. Fühle Glück, Freude und Liebe und erfülle die gesamte Wohnung damit.

Wohnungsschutz

Der folgende Zauber bietet einen zusätzlichen Schutz nach der Wohnungsreinigung, wenn du – wie im vorigen Zauber beschrieben – keinen Besen besitzt oder ihn nicht vor die Wohnungstür stellen kannst.

Was du dafür brauchst:

- Den Ast einer Birke/Eiche/Buche mit vielen Zweigen daran
- Räucherung mit schützenden Kräutern wie z. B. Gewürznelken, Lorbeer, Rosmarin, Salbei, Sternanis, Wacholder
- Einen langen schwarzen Bindfaden
- Eine Schale
- Sonnenwasser
- Salz
- Persönliche Glücksbringer, Anhänger oder kleine Kristallperlen (z. B. aus Amethyst, Obsidian, Onyx, Rauchquarz, schwarzem Turmalin) mit Löchern, die man auffädeln kann

Optional:

- Weiße Kerzen
- Dein Athame oder Zauberstab

Entzünde die Räucherung und ggf. die Kerzen und halte die restlichen Utensilien bereit. Komme beim Anblick des Rauches und der Flammen zur Ruhe. Konzentriere dich auf deine Intention und visualisiere, wie die Wohnung mit hellem Licht vor negativen Einflüssen geschützt wird. Räuchere getrocknete Kräuter, bis du ca. einen Esslöffel Asche erhältst. Gib die Asche in eine Schale und vermische sie mit ein wenig Sonnenwasser und Salz für Reinigung und Schutz, bis eine dicke Paste entsteht. Reibe den schwarzen Bindfaden damit ein und visualisiere, wie du den Schutz der Kräuter, des Sonnenlichts, des Wassers und des Salzes auf ihn überträgst. Wiederhole dabei:

„Kraft des Feuers und des Wassers,
Kraft der Kräuter und der Steine,
Alle Bosheit, alles Dunkle und Gemeine,
Soll sich verfangen in dieser Leine!“

Jetzt knote Glücksbringer, Anhänger, Steine etc. hinein. Wenn du fertig bist, nimm den Ast und winde den Bindfaden um die einzelnen Zweige. Denk nicht zu viel darüber nach. Am besten schließt du sogar deine Augen und lässt deiner Intuition freien Lauf. Sprich währenddessen:

„Ich spinne, spinne, spinne,
Ich binde, binde, binde,
Ein Netz, das fängt,
Ein Netz, das schützt,
Ein Netz, das mir und meinem Heime nützt.“

Visualisiere deine Worte. Wenn du fertig bist, sprich: „So sei es!“

Halte den Ast in die Räucherung, um den Schutz zusätzlich zu aktivieren. Dann hänge ihn an einem zweiten Faden über der Eingangstür zur Wohnung auf oder stelle ihn in eine Vase, die mit Sonnenwasser gefüllt ist, in den Eingangsbereich.

Erneuere den Zauber, wann immer du das Gefühl hast, deine Wohnung sei nicht mehr ausreichend geschützt.

Ahnenschutz

Deine Ahnen sind die Geistwesen, die dir am nächsten stehen und eine energetische Verbindung nicht nur zu deinem Geist, sondern durch die DNS auch zu deinem Körper besitzen. Einen guten Kontakt zu den Ahnen zu pflegen, kann Sicherheit und viel Segen ins Leben bringen. Im Regelfall haben sie ein persönliches Interesse daran, dich zu schützen und zu versorgen. Neben einem Altar, auf dem du ihre Fotos und Gegenstände arrangierst und Opfergaben darbringst, kannst du ihren Schutz und ihre Kraft mit folgendem Zauber beschwören. Er sollte an Neumond durchgeführt werden und eignet sich auch als Ritual für Samhain. Es kann auf das vorherige Ziehen des magischen Kreises verzichtet werden, weil die Ahnen selbst einen Schutzkreis um dich bilden.

Was du dafür brauchst:

- Drei schwarze Kerzen
- Räucherung mit schützenden Kräutern wie z. B. Gewürznelken, Lorbeer, Rosmarin, Salbei, Sternanis, Wacholder
- Fotos oder persönliche Objekte deiner Ahnen
- Deinen Hexenkelch oder ein Glas mit Rotwein/ Traubensaft gefüllt
- Opfergaben aus Lebensmitteln (Früchte, Schokolade, Brot etc.)

Optional:

- Steine für Schutz und Ahnenverbindung wie z. B. Amethyst, Blutjaspis, Obsidian, Onyx, Rauchquarz, schwarzer Turmalin, versteinertes Holz
- Objekte, die Totenköpfe darstellen
- Ein Orakel wie z. B. Tarot, Pendel, Hexenbrett etc.
- Eine sterile Nadel oder Lanzette (günstig in der Apotheke erhältlich)
- Drei Tropfen deines Blutes
- Athame oder Zauberstab

Bereite eine freie Fläche auf dem Boden vor und arrangiere die drei Kerzen und ggf. drei schützende Steine deiner Wahl in einem Dreieck. In die Mitte stelle die Fotos, die persönlichen Objekte deiner Ahnen sowie die restlichen Utensilien, Dekorationen und das Ahnenopfer. Entzünde die Kerzen und die Räucherung und setze dich in das Dreieck.

Komme zur Ruhe. Erde und zentriere dich. Lade deine Ahnen mit eigenen Worten oder mit folgendem Zauberspruch ein:

„Ahnen und Ahninnen,
Ich ehre euch.
Kommt jetzt herbei,
Seid mir Gesellschaft,
Seid mir Geleit.“

Visualisiere, wie sie in einem Kreis um dich herum erscheinen und ihre Kraft und Liebe zu dir fließen. Lass dir dafür genügend Zeit. Spüre, wie sich ihre energetische Ankunft um dich herum verdichtet. Dann biete ihnen die Opfergaben dar. Vielleicht hast du einigen von ihnen – Großeltern, Tanten, Onkeln etc. – Persönliches zu sagen. Das kannst du jetzt tun. Wenn du mit einem Orakel Fragen an sie stellen möchtest, hast du jetzt ebenfalls die Möglichkeit dazu. Um ihren Schutz und ihre Kraft in dein Leben zu rufen, nimm das Gefäß mit dem Rotwein/Traubensaft, der für ihr Blut steht. Halte deine dominante Hand, dein Athame oder deinen Zauberstab darüber und sprich:

„Das ist euer Blut, das mir Leben geschenkt,
Das ist euer Blut, das die Kraft in mir lenkt."

Visualisiere, wie die Flüssigkeit durch die geballte Energie deiner Ahnenreihe anfängt zu leuchten. Wenn du dein Blut mit ihrem symbolisch verbinden möchtest, stich mit der sterilen Nadel/Lanzette in den Zeigefinger deiner dominanten Hand und lass drei Tropfen deines Blutes hineinfallen. Hebe den Kelch und sprich:

„Ich in euch,
Und ihr in mir,
Die Generationen vor mir sind nun hier.
Liebe und Schutz, fließt in mich hinein,
Verbindet, was war und was soll noch sein."

Spüre, wie die Ahnen die energetische Kraft des Weines/Saftes mit dir teilen. Dann nimm einen Schluck. Fühle wie ihre Macht durch deinen Körper und deinen Geist flutet. Tunke den dominanten Zeigefinger hinein und zeichne ein Pentagramm auf deine Stirn. Visualisiere, wie es eine schützende Kugel aus Liebe um dich herum bildet. Sprich zum Schluss: „So sei es!“

Bedanke dich bei den Ahnen und entlasse sie.

Eine Person schützen

Wie bei allen Zaubern, die man für eine andere Person durchführt, sollte auch hier vorher um Erlaubnis gefragt werden. Er sollte bei Neu- oder Vollmond durchgeführt werden.

Was du dafür brauchst:

- 7 weiße Kerzen
- Etwas zum Einritzen wie z. B. eine Nadel
- Schutzöl (siehe „Mobiler Schutz“)
- Etwas, das die Person repräsentiert wie z. B. ein Foto, Haare, einen persönlichen Gegenstand, ein Stück Stoff von einem getragenen Kleidungsstück, einen Zettel mit dem Namen und Geburtsdatum – wenn möglich mehrere dieser Sachen
- Getrocknete schützende Krauter wie z. B. Gewürznelken, Lorbeer, Rosmarin, Salbei, Sternanis, Wacholder
- Räucherung mit schützenden Kräutern (siehe oben)
- Salz
- Sonnenwasser
- Schützende Steine wie z. B. Amethyst, Blutjaspis, Obsidian, Onyx, Rauchquarz, schwarzer Turmalin

- Dein Athame oder ein normales Messer
- Ein Säckchen, z. B. aus einem Stück Stoff und einer Schnur gefertigt

Lege die Symbole für die Person, die du schützen möchtest, auf die Arbeitsfläche. Entzünde die Räucherung direkt daneben und streue einen Ring aus Salz und schützenden Kräutern um sie herum. Dann ritze Pentagramme in die Kerzen und salbe sie mit dem Schutzöl von oben nach unten. Stelle sie an dem äußeren Rand des Salzrings mit dem Pentagramm nach außen zeigend auf. In die Zwischenräume lege ggf. die Steine deiner Wahl. Tauche deinen dominanten Zeigefinger in das Sonnenwasser und male einen Kreis um das Salz und die Kerzen. Komme zur Ruhe. Visualisiere das Gesicht der Person in der Mitte des Kreises und schicke ihr aus dem Herzen einen Strahl aus Licht und Liebe. Halte deine Hände darüber und sprich:

„[Name], ich schütze dich mit der Kraft der Kräuter. Ich schütze dich mit der Kraft des Lichts. Ich schütze dich mit der Kraft von Wasser, Erde und Luft. Vor allem, was dir Böses will, bist du geschützt."

Visualisiere, wie die einzelnen Zutaten zu leuchten beginnen und Schutz auf die Person fließt und sie einhüllt. Stelle dir eine leuchtende Kugel um sie herum vor. Jetzt nimm das Athame oder Messer in deine dominante Hand und setze die Spitze oben am äußeren Rand des Kreises ab. Ziehe es, den Untergrund berührend, siebenmal um den Kreis. Pass auf, dass du dich nicht an den Flammen verbrennst. Sprich dabei:

„Sieben mal Sieben mal Sieben mal Sieben,
Schutz bringe ich [Name], bis alles Dunkle vertrieben.
Beim Feuer der Klinge, beim Licht des Metalls,
Ein Schutzkreis aus Flammen
Und der Kraft des Alls!“

Visualisiere einen Flammenkreis, der alles Negative von außen verbrennt. Leg das Messer ab und klatsche dreimal in die Hände, um den Zauber mit dem Schall hinauszuschicken. Dann gib die Symbole der Person, etwas von dem Salz, den Kräutern, ein paar Tropfen Schutzöl, etwas Wachs der Kerzen und ggf. einen Schutzstein in einen kleinen Beutel. Du kannst den Beutel an deinem Altar aufbewahren oder der Person, die du schützen möchtest, übergeben. Sollte unter den Symbolen ein Schmuckstück sein, kann die Person es aus dem Beutel nehmen und tragen.

Einen Zauber auflösen

Manchmal führt man ein Ritual durch und die Wirkung tritt länger oder stärker ein, als man geplant hat, oder zeigt sich anders, als man wollte. Dies ist ein Zauber, der jede Art von Zauber, ob von einem selbst oder von jemand anderem ausgeschickt, auflöst. Er sollte an Neumond durchgeführt werden.

Was du dafür brauchst:

- Räucherung mit reinigenden Kräutern wie z. B. Lorbeer, Rosmarin, Salbei, Wacholder
- Eine schwarze Kegelkerze
- Etwas zum Einritzen wie z. B. eine Nadel
- Deinen Hexenkessel oder eine tiefe Schale mit Wasser
- Reinigende Kräuter (siehe oben)
- Räucherung mit reinigenden Kräutern (siehe oben)

Optional:

- Dein Athame oder Zauberstab

Entzünde die Räucherung, um die freiwerdenden negativen Energien während des Zaubers aufzulösen. Komme bei dem Anblick des aufsteigenden Rauches zur Ruhe und konzentriere dich auf deine Intention. Visualisiere die negativen Auswirkungen des Zaubers und projiziere sie durch das Einritzen einiger Worte, die den Zauber beschreiben, in die Kerze. Gib die reinigenden Kräuter deiner Wahl in das Wasser. Visualisiere ihre Energien.

Rühre dreimal mit dem dominanten Zeigefinger, Athame oder Zauberstab darin herum und sprich in das Wasser: „Wasser und Erde, verbindet euch. Löst den Zauber auf!"

Dann stelle die Kerze hinein. Die Spitze sollte sich mit dem Docht etwa einen Zentimeter über dem Wasser befinden. Zur Not kürze die Kerze, indem du ein Stück an ihrem unteren Ende abschneidest. Die Steine deiner Wahl kannst du um den Kessel oder die Schale arrangieren oder ebenfalls in das Wasser geben. Jetzt zünde die Kerze an. Zeige mit dem dominanten Zeigefinger, Athame oder Zauberstab auf die Flamme und wiederhole Folgendes:

> „Wenn Feuer auf Wasser trifft, wird dieser Zauber aufgehoben.
> Wenn Feuer auf Wasser trifft, wird dieser Zauber gebrochen.
> Wenn Feuer auf Wasser trifft, bin ich frei,
> Der Segen der Freiheit komme herbei."

Stell dir beim Sprechen dieser Worte vor, dass der Zauber ausgelöscht wird, und visualisiere, wie du von seinen Auswirkungen befreit wirst. Intensiviere die Visualisierung, bis die Flamme im Wasser erlischt und spüre die Erleichterung.

Sprich zum Abschluss: „So sei es!"

Gerüchte stoppen

Dies ist ein aus dem Hoodoo abgewandelter Zauber der dunkleren Art. Wer die Auswirkungen von Mobbing, bösen Gerüchten oder Rufmord auf einen Menschen miterlebt hat, weiß, wie zerstörerisch all das sein kann. Ist die verantwortliche Person durch ein Gespräch nicht bereit, ihr Verhalten zu ändern, kann dieser Zauber helfen, ihr Tun einzudämmen. Er sollte bei abnehmendem Mond oder an Neumond durchgeführt werden.

Was du dafür brauchst:

- Eine schwarze Kerze
- Ein ausgedrucktes Foto von dem Gesicht der Person, die die Gerüchte verbreitet. Der Mund sollte groß genug abgebildet sein, um 9 Gewürznelken hindurchzustechen.
- Einen schwarzen Stift
- Einen wasserfesten, verschließbaren Behälter, der im Gefrierschrank nicht bricht
- 9 Gewürznelken
- 9 schwarze Pfefferkörner
- 9 schwarze oder braune Senfkörner
- Essig

Entzünde die schwarze Kerze und komme zur Ruhe. Konzentriere dich auf deine Intention. Schreibe auf die Rückseite des Personenbildes ihren Namen und – wenn bekannt – das Geburtsdatum. Darunter schreibe, welche Gerüchte die Person in die Welt gesetzt hat und mit diesem Zauber gestoppt werden sollen. Male ein dickes Kreuz darüber. Über den Mund zeichne eine Zickzacklinie mit insgesamt neun Spitzen. Durchstoße sie mit den neun Gewürznelken. Sprich dabei:

„[Name], die Gerüchte, die du über mich verbreitet,
Sind hiermit gebunden, der Zauber bereitet.
Deine bösen Worte versiegen,
Mein schlechter Ruf wird erliegen,
So soll es sein,
Bis sich Frieden ausbreitet."

Gib flüssiges Wachs der schwarzen Kerze auf die Gewürznelken und lass es erkalten, damit sie nicht herausfallen. Lege das Blatt in den verschließbaren Behälter. Gib die Pfefferkörner und/oder Senfkörner für Dominanz, Abwehr und eine starke Aktivierung des Zaubers hinzu. Visualisiere ihre Energie. Fülle den Behälter mit Essig auf und visualisiere, wie der Person ihre bösen Worte von nun an sauer aufstoßen. Verschließe den Behälter gut und stelle ihn in den Gefrierschrank. Dabei kannst du sprechen: „So wie der Inhalt erstarrt, werden auch die Gerüchte über mich erstarren. So sei es!"

Schließe den Gefrierschrank und lasse den Behälter so lange dort drinnen, bis die Gerüchte gestoppt sind.

Spiegelzauber

Spiegelt man den Schadenszauber einer Person, der gegen einen selbst gerichtet war, sendet man die Energie von sich weg und zu ihrem Ursprung zurück. Diese Methode ist sehr effektiv, da sie die Wucht eines Fluches nicht vollständig abstoppen muss, sondern für sich nutzt und zurückwirft. Vorher solltest du aber durch eine Orakelmethode sicherstellen, dass tatsächlich ein Schadenszauber gegen dich ausgesendet wurde.

Was du dafür brauchst:

- Zwei kleine Spiegel
- Eine schwarze Kerze
- Etwas zum Einritzen wie z. B. eine Nadel
- Haushaltsöl, z. B. Sonnenblumenöl, Olivenöl o. Ä.
- Getrocknete Fluch abwehrende Kräuter wie z. B. Brennnessel, Knoblauch, Kreuzkümmel, Lorbeer, Oregano, Sternanis
- Räucherung mit reinigenden Kräutern wie z. B. Lorbeer, Rosmarin, Salbei, Wacholder

Optional:

- Einen Mörser
- Dein Athame oder Zauberstab

Ritze den Namen der Person, die den Schadenszauber ausgesendet hat, in die Kerze. Salbe sie großzügig mit Öl von unten nach oben, um ihre Energien von dir wegzulenken. Rolle die Kerze durch die getrockneten und feingehackten/gemörserten Kräuter. Dann befestige sie mit ein paar Tropfen warmen Wachses auf einem Spiegel. Stelle den zweiten Spiegel zwischen dich und die Kerze, mit der reflektierenden Oberfläche zur Kerze. Stelle die schützenden Steine wie eine Mauer vor dich an die Rückseite des zweiten Spiegels. Dann entzünde die Räucherung, um die freiwerdenden negativen Energien während des Zaubers aufzulösen. Schließe die Augen, komme zur Ruhe und konzentriere dich auf die Intention, alles Schlechte, was dir zugeschickt wurde, zum Ursprung zurückzusenden. Ziehe mit deinem dominanten Zeigefinger, deinem Athame oder Zauberstab gegen den Uhrzeigersinn Kreise um die Flamme. Wiederhole dabei:

> „Kehre heim zu deinem Schöpfer und lass mich in Ruhe.
> Ist der Weg versperrt, gib auf deine Suche!"

Der zweite Teil des Spruchs verhindert, dass der Zauber wieder auf dich zurückfällt, wenn die Person Schutzvorkehrungen getroffen hat. Visualisiere, wie die negativen Energien durch die Bewegungen, das Brennen der Flamme und den Spruch in Gang gesetzt werden und die Spiegel sie wie eine Spirale zu der Person zurückschicken. Wiederhole den Spruch und die Bewegung so lange, bis du das Gefühl hast, genug Energie generiert zu haben, dass die Spiralbewegung bis zum vollständigen Abbrennen der

Kerze weiterläuft. Visualisiere ggf. die Kraft der Steine wie eine Feuerwand zwischen dir und der Negativität. Sprich zum Schluss: „So sei es!"

Lass die Kerze in einem Stück herunterbrennen.

Binden und bannen

Manchmal nehmen wir Energien wahr, die uns negativ beeinflussen und uns gefährlich werden können. Sie können von anderen Menschen oder aus der Geistwelt stammen. Dieser Zauber hilft, Negativität, in welcher Form auch immer, aus deinem Leben zu bannen. Der Zauber sollte bei abnehmendem Mond oder bei Neumond durchgeführt werden.

Was du dafür brauchst:

- Räucherung mit reinigenden Kräutern wie z. B. Lorbeer, Rosmarin, Salbei, Wacholder
- Ein schwarzes Tuch
- Eine Schere
- Wenn es um eine Person geht: Haare/ein Stück getragenen Stoffes/ein Foto etc.
- Wenn es um negative Energien geht: einen Zettel mit einer Beschreibung
- 3 Knoblauchzehen
- Watte
- Nadel und Faden
- Eine schwarze Kerze
- Etwas zum Einritzen wie z. B. eine Nadel
- Öl mit Pfeffer und Chili
- Ein breites rotes Band

Entzünde die Räucherung, um die freiwerdenden negativen Energien schon während des Zaubers aufzulösen, und halte alle Utensilien bereit. Wenn es um eine konkrete Person geht, falte das schwarze Tuch und schneide einen menschlichen Umriss hinein, sodass du zwei Teile erhältst. Geht es um abstrakte Energien, falte das Tuch und schneide einen Kreis hinein, sodass du ebenfalls zwei Kreise erhältst. Dann nähe die Umrisse am Rand entlang zusammen, aber lasse ein Loch frei, um die Figur mit dem Foto der Person oder der Beschreibung der negativen Energie zu füllen. Gib ggf. auch Haare und ein kleines Stück des Stoffes hinein, der von der Person getragen wurde. Fülle die Figur mit den Knoblauchzehen und der Watte und nähe sie zu. Ritze den Namen der Person oder eine kurze Beschreibung der negativen Energie in die Kerze. Salbe sie von unten nach oben mit dem Öl und visualisiere, wie du ihre Energien so von dir weglenkst. Entzünde die schwarze Kerze und komme beim Anblick der Flamme zur Ruhe. Konzentriere dich auf die Intention.

Nimm die gefüllte Figur und halte sie vor dich hin. Sprich: „[Name der Person/Beschreibung der Energie], ich banne dich aus meinem Leben, mit der Macht meines Geistes, so soll es sein!“

Zeichne mit der dominanten Hand, dem Athame oder Zauberstab ein Pentagramm über die Figur in die Luft. Visualisiere die Wirkung deiner Worte und das Pentagramm. Jetzt nimm das breite rote Band und wickele die Figur damit ein, bis nichts mehr von dem schwarzen Tuch zu sehen ist. Wiederhole dabei:

„Ich binde dich, ich binde dich, ich binde dich.
Alles Böse von dir binde ich.
Werde kraftlos und schwach auf deiner Suche nach mir,
So soll es sein, das wünsche ich dir!“

Lege die Figur zu der Kerze und lass sie in einem Stück herunterbrennen. Visualisiere, wie die Kerze die Bindung immer stärker aktiviert, und sei anwesend, wenn sie von selbst erlischt. Spüre dabei, wie auch die negative Kraft erlischt. Dann nimm die Figur und die Überreste der Kerze und vergrabe sie weit weg von deiner Wohnung, um die Person oder Energie vollständig aus deinem Leben zu bannen. Drehe dich nicht um, wenn du sie hinter dir lässt.

Einen Fluch brechen

Wenn du dir sicher bist, dass ein Fluch auf dir oder jemand anderem liegt und dies durch ein Orakel bestätigt wurde, hilft dieser Zauber, ihn zu brechen. Er sollte an Neumond durchgeführt werden.

Was du dafür brauchst:

- Räucherung mit Fluch brechenden Kräutern wie z. B. Brennnessel, Knoblauch, Kreuzkümmel, Lorbeer, Oregano, Sternanis
- Sonnenwasser
- Eine schwarze Kerze
- Papier und Stift
- Getrocknete Fluch brechende Kräuter (siehe oben)
- Deinen Hexenkessel oder eine feuerfeste Schale
- Töpferton aus dem Baumarkt oder Bastelbedarfsladen
- Etwas zum Einritzen wie z. B. eine Nadel

Entzünde die Räucherung, um die freiwerdenden negativen Energien während des Rituals aufzulösen, und besprenge dich mit dem Sonnenwasser. Erde und zentriere dich. Achte dabei darauf, die Energiekugel in deinem Oberbauch heller als sonst zu visualisieren. Spüre deine Macht. Entzünde die Kerze und komme zur Ruhe.

Schreibe auf, wie der Fluch dein Leben oder das einer anderen Person beeinflusst. Sei dabei so präzise wie möglich. Lege einige getrocknete Fluch brechende Kräuter auf das Papier und falte es dreimal. Dann zünde es in der Flamme der schwarzen Kerze an. Spüre das Feuer der Kerze wie das Feuer in dir, in deinem Solarplexus, das Gewalt über den Fluch erlangt. Lege es in die feuerfeste Schale oder deinen Hexenkessel. Halte die dominante Hand, dein Athame oder Zauberstab auf das Feuer gerichtet. Kanalisiere deine Macht und sprich mit voller Autorität:

„Ich breche den Fluch, der auf mir/[Name] liegt,
Mit meiner Macht, die schwerer wiegt
Als alle Dunkelheit, Bosheit, und Wut,
Ich breche sie in dieser Glut!“

Visualisiere, wie der Fluch durch das Feuer aufgelöst wird, und empfinde Erleichterung. Besprenge dich erneut mit dem Sonnenwasser. Gib etwas davon auf die Asche und verrühre sie, bis eine Paste entsteht. Gib die Paste auf etwas Ton und verknete beides. Rolle den Ton zu einem kleinen Ball und drücke ihn flach zu einer Scheibe. Schreibe mit einer Nadel ein positives Wort wie „Freiheit“ oder „Licht“ auf eine Seite. Auf die andere Seite zeichne ein Pentagramm. Schließe das Ritual, puste die Kerze aus und nimm ein reinigendes Bad oder eine Dusche. Segne dich danach mit Schutzöl (siehe „Mobiler Schutz“). Lege den Ton bis zum Mittag des nächsten Tages ins Sonnenlicht. Das Amulett ist jetzt fertig. Trage es bis zum nächsten Neumond jeden Tag bei dir oder gib es der Person mit, die du von dem Fluch befreien möchtest, damit sie es jeden Tag bei sich trägt. So absorbiert das Amulett die restlichen Energien des Fluches. In der Nacht des nächsten Neumondes zerschmettere das Amulett mit voller Wucht auf dem Boden und sprich: „So sei es!“

Gerechtigkeit

Seien es Menschen, die dich ungerecht behandelt haben, oder Institutionen wie Gerichte und Ämter – mit diesem Zauber bittest du das Universum, Gerechtigkeit und Gleichgewicht in dein Leben zu bringen, wenn dir etwas genommen wurde. Bevor du ihn anwendest, solltest du dir sicher sein, dass nicht du es bist, der/die im Unrecht ist. Der Zauber sollte an Neumond gewirkt werden.

Was du dafür brauchst:

- Die Tarotkarte „Gerechtigkeit“ als Ausdruck
- Eine weiße Kegelkerze
- Räucherung mit aktivierenden Kräutern wie z. B. Ingwer, Zimt, Zitrusschalen
- Ein Foto oder Symbol, das für die Person oder Institution steht, die dir Unrecht getan hat, z. B. eine Visitenkarte, ein Logo, ein Schreiben o. Ä.
- Ein Foto von dir
- Fingernagelkuppen aller zehn Finger
- Eine Handvoll Kieselsteine in runder Anzahl

Arrangiere das Foto oder Symbol, das für die Person oder Institution steht, die dir Unrecht getan hat, links von dir. Beschwere es mit den Steinen. Sie repräsentieren etwas, das dir unrechtmäßig genommen wurde. Ihr Gewicht steht für die Last der Schuld. Rechts von dir lege das Foto oder Symbol, das dich repräsentiert, auf deine zehn Fingernagelkuppen. Sie symbolisieren, dass du mit beiden Händen Gerechtigkeit empfangen wirst. In die Mitte platziere den Ausdruck der Tarotkarte „Gerechtigkeit".

Entzünde die Räucherung und die weiße Kerze. Komme zur Ruhe und konzentriere dich auf die Intention. Nimm die Kerze in beide Hände und hebe sie in die Höhe. Sprich, während du sie langsam auf die Tarotkarte herabsenkst:

„Kräfte der Gerechtigkeit,
Kräfte des Gleichgewichts,
Gekippt ist die Waage,
Kommt und erfüllt euren Eid!"

Spüre wie einen Glockenschlag die Kraft der Tarotkarte, die durch die Kerze nun aktiviert wurde. Verweile einen Moment und fokussiere die Flamme. Visualisiere, wie Gerechtigkeit durch die Kerze bis in die Flamme fließt und zwei Strahlen auf die Repräsentationen zu beiden Seiten wirft. Dann nimm einen Stein von dem linken Stapel und lege ihn unter dein Foto, um anzuzeigen, dass es dir zurecht gehört und du deswegen nicht belastet wirst. Sprich dabei:

„Was ohne Recht von mir genommen,
Was ohne Recht durch meine Finger geronnen,
Ich rufe es zurück in mein Leben,
Das ist Gerechtigkeit, das ist Geben."

Fahre so fort, bis du die gleiche Anzahl an Steinen auf beiden Seiten erreicht hast, um Gleichgewicht zu symbolisieren. Wenn du etwas ganz zurückfordern möchtest, nimm alle Steine zurück. Sprich zum Schluss: „So sei es!“

Lass die Kerze vollständig herabbrennen.

Noch mehr Gerechtigkeit

Wenn dir Schlimmes angetan wurde, du von einem anderen Menschen körperlichen oder seelischen Schaden erfahren hast und diese Person nie zur Rechenschaft gezogen wurde oder sich entschuldigt hat, erlaubt dir dieser Zauber, zu der Gerechtigkeit zu gelangen, die dir zusteht.

Der Zauber ruft die Mächte des Universums an, konfrontiert die Person mit dem, was sie getan hat, und gibt so deine Last an sie ab. Dadurch erhältst du die Möglichkeit, den Schmerz in dem Wissen loszulassen, dass für Gerechtigkeit gesorgt wird, und in Frieden und Freiheit weiterzuleben. Das Ritual sollte an Neumond durchgeführt werden.

Was du dafür brauchst:

- Papier und Stift
- 5 schwarze Kerzen
- Räucherung mit reinigenden Kräutern wie z. B. Lorbeer, Rosmarin, Salbei, Wacholder
- Ein Foto der Person. Auf die Rückseite sollte der vollständige Name und, wenn bekannt, das Geburtsdatum geschrieben werden.
- Aluminiumfolie
- Getrocknete Kräuter für eine starke Aktivierung wie z. B. Chili, Ingwerpulver, schwarzer Pfeffer

- Salz
- Ein schwarzes Tuch
- Schwarzen Bindfaden

Schreibe alles, was dir angetan wurde, auf einen Zettel. Sei dabei so präzise wie möglich und gib deinen Emotionen die Erlaubnis, gefühlt zu werden. Lasse alle Wut und Trauer durch die Finger in die Tinte fließen.

Dann stelle die Kerzen an den Spitzen eines gedachten Pentagramms auf dem Boden auf, so dass du dich hineinsetzen kannst. Entzünde sie und die Räucherung und halte die übrigen Utensilien bereit.

Erde und zentriere dich. Ziehe den magischen Kreis und rufe entweder die Geistwesen an, mit denen du schon länger arbeitest, oder die Kräfte des Universums im Allgemeinen, z. B. mit einer kurzen Beschwörungsformel wie: „Ich rufe die Mächte des Universums in diesen Kreis, erhört mich und meine Bitte!“

Jetzt lies den Brief vor und visualisiere einen Gerichtssaal, in dem du eine Anklage vorträgst. Stelle dir vor, wie deine Worte mit dem Rauch in die Geistwelt getragen und erhört werden. Wenn du fertig bist, halte einen Moment inne und erspüre, wie sich die Atmosphäre zusammenbraut. Schließe die Anklage mit den Worten: „Ich fordere Gerechtigkeit!“

Dann lege das Foto der Person auf den Brief. Falte den Brief um das Foto. Lege den um das Foto gefalteten Brief auf die glänzende Seite der Alufolie. Streue Salz und Kräuter deiner Wahl darauf, bevor du die Folie ebenfalls um den Brief faltest. Die glänzende Oberfläche symbolisiert, dass die Taten der Person, aufgeschrieben im Brief, ihr ständig gespiegelt und vor Augen gehalten werden, bis sie die Dinge ins Reine bringt. Die Last und die Verantwortung liegen nun auf ihr und nicht mehr auf dir. Sprich dabei:

„Ich werde heilen
Und ich werde vergessen,
Doch du [Name] wirst erkennen und sehen und weinen,
Über das, was du mir angetan,
Über das, was du zerstört,
Bis nichts mehr übrig bleibt, kein Stein auf Steinen.

[Name], du sollst erst Ruhe finden, wenn deine Taten gebüßt sind!“

Jetzt wickle das Tuch um den gefalteten Brief und binde es mit einem Faden zu. Halte den Beutel in die Räucherung und sprich: „Kräfte des Universums/[Namen der Geistwesen], die Rache sei euer. Ich gebe sie ab. So soll es sein!“ Visualisiere, wie dein Zauber ins Universum geschickt wird, und spüre die Erleichterung. Nimm dir dafür genügend Zeit. Fülle den neuen Raum in dir mit bedingungsloser Selbstliebe.

Dann öffne den magischen Kreis und vergrabe den Beutel weit weg von deiner Wohnung in der Erde. Wenn du zurückgehst, drehe dich nicht um. Lass alles, was dich an diese Person gebunden hat, in dem Wissen dort, dass sich höhere Mächte ihrer Vergehen annehmen werden.

Kapitel 10
Und was jetzt?

Du hast den Zauber abgeschlossen. Wie geht es weiter? Wenn du einen magischen Kreis gezogen und Geistwesen angerufen hast, bedanke dich bei ihnen und entlasse sie mit deinen eigenen Worten. Öffne den magischen Kreis, indem du im Norden beginnst und das Ritual umgekehrt, also nach Westen, Süden, Osten und zurück nach Norden durchführst. Danke den Kräften und entlasse sie. Visualisiere, wie sich die Energien zurückziehen. Du kannst die Pentagramme dabei entweder umgekehrt ziehen oder auf diesen Schritt verzichten. Visualisiere, wie sich die Lichtkugel mit dem „Aufziehen“ Stück für Stück auflöst.

Danach solltest du deinen magischen Arbeitsplatz aufräumen. Entsorge, was du nicht mehr brauchst. Kerzen, die weiterbrennen und den Zauber aufladen, lasse selbstverständlich stehen. Wasser, Kräuter, Opfergaben – alles, was natürlichen Ursprungs ist, kann der Erde zurückgegeben werden. Im Notfall ist das der Biomüll. Die restlichen Utensilien sollten unter laufendem Wasser oder in einer Räucherung mit einer Licht-Visualisierung von den unterbewussten „Resten“ des Zaubers gereinigt werden, sodass du sie für andere Rituale oder im Alltag weiterverwenden kannst. Entscheide selbst, wie du z. B. mit Kerzen umgehst, die nicht vollständig abgebrannt sind, die du aber auch nicht mehr für diesen speziellen Zauber benötigst. Hast du vielleicht gelbe Kerzen für einen Erfolgszauber benutzt, kannst du sie wie die anderen Utensilien reinigen, bevor du sie beispielsweise in einem Geldritual weiterverwendest. Hast du aber eine schwarze Kerze für eine Fluchauflösung benutzt, möchtest du sie vielleicht eher entsorgen, indem du sie begräbst. Es ist schwierig, die schlechten Erinnerungen, die du mit ihr verbindest, aus dem Unterbewusstsein zu tilgen.

Nach einem intensiven Ritual ist es außerdem hilfreich, ein Bad oder eine Dusche zu nehmen, oder sich einfach nur die Haare zu kämmen. Mache dir bewusst, dass du die magische Welt verlässt und in den Alltag zurückkehrst.

Und der Zauber? Eine Pflanze kann nicht wachsen, wenn man die Erde immer wieder umgräbt, erinnerst du dich? Genauso verhält es sich mit der Magie, die du gesät hast. Es wird dir nichts bringen, alle fünf Minuten Ausschau nach den ersten Veränderungen zu halten. Im schlimmsten Fall machst du dich damit nur verrückt und zerstörst deine Arbeit durch negative Gedanken und Ängste. Lass den Zauber in aller Ruhe wirken. Lass ihn wachsen. Es kann Wochen und Monate dauern, bis du die ersten Resultate siehst. Meistens treten sie genau dann ein, wenn du vergessen hast, dass der Zauber gewirkt wurde. Das liegt daran, dass die Wurzeln tief in die Erde wachsen müssen, und das können sie besser, je mehr du das Ritual vergisst. Dann nämlich sinkt der Zauber erst richtig von deinem Oberbewusstsein in dein Unterbewusstsein. Versteife dich also nicht auf ihn. Schließe ihn ab und dann gehe normalen Tätigkeiten nach. Lerne, lese, schaue einen Film,

… und lasse die Früchte reifen.

BIBLIOGRAFIE

ARAS (Hg.): *Das Buch der Symbole: Betrachtungen zu archetypischen Bildern*. TASCHEN 2019.

Bell, E. T.: *The Magic of Numbers.* Dover PUBN INC. 1991.

Bouisson, M.: *Magic: It´s History and Principle Rites*. Kessinger Publishing 2010.

Butler, W. E.: *Magic: It´s Ritual, Power and Purpose*. Thoth Publications 2001.

Dr. Zhi Gang Sha: *Seele Geist Körper Medizin – Anleitung zur Selbstheilung durch Seelenkraft.* KOHA Verlag 2014.

Drei Eingeweihte: *Kybalion – Die 7 hermetischen Gesetze: Das Original.* Aurinia 2011.

Carr-Gomm, P.: *Weisheit der Natur: Altes Wissen der Druiden für unsere Zeit*. Aurum 2009.

Cavendish, R.: *The Black Arts: A Concise History of Witchcraft, Demonology, Astrology, Alchemy, and Other Mystical Practices Throughout the Ages.* TarcherPerigree 2017.

Cunningham, S.: *Enzyklopädie der magischen Kräuter*. Schirner 2006.

Cunningham, S.: *Handbuch der Natur- und Elementarmagie*. Arun 2010.

Cunningham, S.: *Wicca: Einführung in die Spiritualität und Praxis der Neuen Hexenkunst*. Allegria Taschenbuch 2005.

Damásio, A.: *Selbst ist der Mensch: Körper, Geist und die Entstehung des menschlichen Bewusstseins*. Pantheon Verlag 2013.

Dehaene, S.: *Denken: Wie das Gehirn Bewusstsein erschafft*. Albrecht Knaus Verlag 2014.

Govinda, K.: *Atlas der Chakras: Der Weg zu Gesundheit und spirituellem Wachstum*. Irisiana 2013.

Günther, S. E.: *Das große Buch der Heilsteine: 250 Heilsteine – richtig auswählen und ganzheitlich anwenden*. Gräve und Unzer Verlag 2018.

Gutzmann, G.: *Das große Lexikon der Heilsteine, Düfte und Kräuter*. Methusalem Verlag UG 2019.

Held, S.; Hofstadter, D.; Sander, E.: *Die Analogie: Das Herz des Denkens*. Klett-Cotta 2014.

Farrar, J. and S.: *A Witches' Bible: The Complete Witches' Handbook*. The Crowood Press Ltd. 2002.

Farrar, J. and S.: *The Witches' God*. Robert Hale Ltd. 1989.

Farrar, J.: *Witches' Goddess: The Feminine Principle of Divinity*. Robert Hale Ltd. 1987.

Fortune, D.: *Selbstverteidigung mit PSI: Sicherheit und Schutz durch geistige Kraft.* Aurinia Verlag 2017.

Jung, C. G.: *Archetypen: Urbilder und Wirkkräfte des kollektiven Unbewussten.* Patmos 2019.

Jung, C. G.: *Der Mensch und seine Symbole.* Patmos 2012.

Kolk van der, B.: *Verkörperter Schrecken: Traumaspuren im Gehirn, Geist und Körper und wie man sie heilen kann.* G. P. Probst Verlag 2018.

Levi, E.: *Die Geschichte der Magie.* Econ Tb 2001.

Moorne, R.; Papenfuß, B.: *Wenn das Unterbewusstsein spricht.* BOSON-Verlag 2015.

Murphy, Dr. J.: *Die Macht Ihres Unterbewusstseins: Wie die Energie der Seele die Realität lenkt.* Ariston 2009.

Pauen, M.; Schütte, M. (Hg.): *Begriff, Erklärung, Bewusstsein: Neue Beiträge zum Qualiaproblem.* mentis 2007.

Ranke-Graves: *Die weiße Göttin: Sprache des Mythos.* Rowohlt Taschenbuch Verlag 1992.

Raskasar, F.: *Die vier Elemente in der Magie: Symbole der Autorität.* Bohmeier 2006.

Rensing B., Schmitz B.: *Die Wicca-Religion: Theologie, Rituale, Ethik.* Tectum Wissenschaftsverlag 2008.

Storl, W.: *Kräuterkunde*. Aurum 2017.

Valiente, D.: *An ABC of Witchcraft Past and Present.* The Crowood Press Ltd. 1994.

Valiente, D.: *Natürliche Magie.* Alraunen/Heiden-Verlag 2004.

Valiente, D.: *The Rebirth of Witchcraft.* Robert Hale & Co 2007.

Printed in Germany
by Amazon Distribution
GmbH, Leipzig

24454478R00131